CONTRALGORITMIA

ÁNGEL L. FERNÁNDEZ

#FuturoImperfecto

Segunda edición, febrero de 2026

Imagen de portada: Alfonso Barragán
Diseño y maquetación: @imparsifal

ISBN: 979-13-88156-50-2
Depósito legal: SE 54-2026
Impreso en España – Printed in Spain

«A los sesenta años nuestras fuerzas son exactamente las mismas que a los diecisiete. En la Antigüedad los viejos solían renunciar, retirarse, entregarse a la religión, pasarse el tiempo leyendo, pensando... ¡Pensando!»

Un mundo feliz
Aldous Huxley

Contralgoritmia
para un mundo feliz
(enero, 2026)

Entre los apocalípticos e integrados nos encontramos un grupo de personas que no sentimos la necesidad de elegir bando ante un cambio de paradigma y que desconfiamos tanto del entusiasmo ingenuo como del catastrofismo cómodo. Elegimos movernos y habitar en esa *terra incógnita* donde la intuición y la reflexión no permiten respuestas automáticas ni adhesiones acríticas, donde pensar sigue siendo un acto deliberado y, precisamente por eso, incómodo. De ahí nace «Contralgoritmia», y de ahí también el subtítulo del prólogo de este libro: «Para un mundo feliz». Un subtítulo que no promete nada, que no ofrece salvación ni futuro luminoso, más bien plantea una ambigüedad deliberada, casi una ironía. Porque la contralgoritmia puede servir para intentar mejorar el mundo en el que vivimos, sí, pero también para aprender a vivir en él cuando empieza a parecerse peligrosamente al que imaginó Aldous Huxley.

Las distopías no describen un futuro inexorable, en cambio nos sitúan en un cruce de caminos desde el que podemos vislumbrar en la distancia lo que nos espera según nos dejemos llevar o no por la inercia existencial. En ese sentido, *Un mundo feliz* no habla del mañana, sino de una inclinación persistente a dejar de pensar para no sentir la incomodidad que conlleva dicho acto. Huxley no describió un mundo devastado, en lugar retrató uno ordenado, limpio, funcional. Un lugar donde casi todo funciona y, precisamente por eso, nada duele demasiado. El conflicto no desaparece por la fuerza, lo hace por desgaste, por una gestión cuidadosa del deseo que evita preguntas innecesarias. Ahí reside la inquietud que no se disipa con el tiempo: no en la violencia, sino en la calma; no en la miseria, sino en un bienestar que acaba pidiendo, a cambio, una renuncia silenciosa.

En *1984* el poder vigila, castiga y reprime. En *Un mundo feliz* el poder cuida, entretiene y satisface. Orwell teme la censura; Huxley teme la irrelevancia. Uno imagina un mundo donde se nos oculta la información; el otro, un mundo donde estamos tan saturados de estímulos que la información deja de importar. Durante mucho tiempo se leyó a Orwell como el gran visionario del siglo XX, pero cada vez resulta más evidente que el mundo contemporáneo se parece más al de Huxley. El motivo es claro, no vivimos bajo la amenaza constante del castigo, sino bajo la promesa ininterrumpida de la gratificación.

Los algoritmos de recomendación, esos que nos enclaustran en nuestros propios ciclos dopamínicos, encajan sin esfuerzo en esa distopía amable donde casi nada parece impuesto. No ordenan, sugieren —aunque la sugerencia no es ignorable— y la catarata de estímulos acaba sustituyendo a la elección, diluyendo la voluntad en una secuencia interminable de pequeñas gratificaciones. Todo está programado para acercarnos a aquello que tiene más posibilidades de gustarnos. Y ese gusto, que creemos propio, se apoya en repeticiones, en rastros, en hábitos que dejamos sin prestarles atención para conformar nuestra huella digital. El algoritmo no nos mira como individuos complejos, nos analiza como secuencias previsibles. A medida que encajamos en ellas, se vuelve más sencillo anticiparnos, conducirnos, darnos forma sin que lo notemos.

La manipulación política e ideológica aparece entonces sin estridencias, con una cortesía casi profesional en la que nadie levanta la voz ni señala culpables. Basta con mostrar nuestros miedos, lo que no aceptamos de nosotros mismos, el número suficiente de veces que nos haga pensar que habitamos ahí. Algunos mensajes se repiten hasta volverse parte del decorado; otros se diluyen sin conflicto, no porque estén prohibidos, sino porque no llegarán nunca a cruzarse en nuestro camino. Se destierra la deliberación a pesar de que el disenso no se persigue. Este se vuelve raro, improbable, como reencontrarse con alguien que se marchó a las antípodas para no volver. La ideología deja de parecer ideología y adopta la forma del paisaje, de lo normal, de eso que «está ahí» aceptándolo con la misma resignación con la que asumimos lo habitual.

Las distopías antiguas necesitaban regímenes autoritarios, ministerios oscuros y figuras del poder reconocibles. Las que vislumbramos aparece en la actualidad funcionan de otro modo. No hay un ojo vigilante en la pared que espíe nuestra actividad, si no que somos nosotros mismos los que proporcionamos voluntariamente toda nuestra información personal a plataformas eficientes repletas de métricas diligentes y sistemas de recomendación que trabajan sin descanso. No buscan la verdad ni el bien común; optimizan variables al servicio de los tecnofeudalistas. El control ya no cae desde arriba como una orden; nace desde dentro, de nuestros hábitos, de nuestras preferencias reiteradas, de una atención dispersa que entregamos a cambio de no tener que detenernos a pensar.

En este contexto la política se ha rediseñado desde el neuromarketing. Ahora no se debaten ideas porque discutir es ineficiente, se gestionan impulsos, se activan reflejos y se administra la emoción como un recurso escaso, de modo que cada mensaje llegue al perfil adecuado en el momento preciso. El objetivo no es convencer, se busca confirmar para no abrir una conversación, sino para clausurarla antes incluso de que llegue a formularse. Se trabaja con perfiles, no con ciudadanos. Cada cual recibe su pequeña maqueta del mundo, acolchada, sin aristas, calibrada para que no produzca fricción ni preguntas y coherente con los prejuicios. El resultado no es una sociedad manipulada, que todavía implicaría cierta épica del engaño, sino una sociedad compartimentada, incapaz de discutir porque hace tiempo que dejó de compartir incluso el mismo diccionario.

La contralgoritmia no aparece solo para responder a este paisaje político, que ya da para una sobremesa larga y triste. Aparece porque algo más elemental se ha ido perdiendo por el camino: la costumbre de elegir. Elegir de verdad. Elegir qué leer, qué escuchar, qué mirar, sin que nadie nos lo haya preparado antes en forma de bandeja. Creemos decidir, pero nos movemos dentro de un menú cerrado, amable, perfectamente diseñado para que no nos salgamos de él. La distopía no consiste en que nos impongan nada, sino en que deleguemos todo: el descubrimiento, la sorpresa y hasta el derecho a equivocarnos, que siempre ha sido una de las pocas libertades verdaderamente democráticas.

Las distopías siempre han funcionado como espejos deformantes. En *Fahrenheit 451*, Ray Bradbury no imaginó solo un mundo sin libros, sino un mundo sin lectores. Los libros arden no porque sean peligrosos, sino porque molestan. Porque ralentizan. Porque obligan a pensar. Algo similar ocurre hoy cuando los algoritmos penalizan los contenidos largos, ambiguos o difíciles de clasificar. No hay una hoguera, pero sí una lógica de invisibilización que empuja todo hacia lo breve, lo emocional y lo fácilmente digerible.

La contralgoritmia no pretende abolir ese mundo, entre otras cosas porque no puede. Pretende, más bien, introducir pequeñas grietas en su funcionamiento. Recuperar prácticas que no optimizan nada. Leer sin que nadie lo sepa. Escuchar sin dejar rastro. Buscar activamente lo que no aparece recomendado. Aceptar el aburrimiento como condición previa de la curiosidad. Defender espacios de conversación que no se midan en métricas de impacto. Son gestos modestos, casi insignificantes, pero precisamente por eso resultan subversivos en un entorno obsesionado con la eficiencia.

El subtítulo «Para un mundo feliz» también puede leerse como una advertencia irónica. Si el mundo se parece cada vez más al de Huxley, la contralgoritmia no será una herramienta para cambiarlo de arriba abajo, sino una forma de conservar algo esencial: la capacidad de no confundir bienestar con libertad, comodidad con sentido, satisfacción con verdad. Vivir en un mundo feliz no es necesariamente vivir en un buen mundo. Y esa distinción, que las distopías literarias han explorado una y otra vez, corre el riesgo de diluirse cuando todo se presenta como experiencia personalizada y sin conflicto.

Las distopías no nos movilizan porque exageren, sino porque solemos leerlas como algo externo a nosotros. Como advertencias para otros, en otros tiempos. La contralgoritmia parte de una sospecha distinta: que la distopía no llega de golpe, sino por acumulación de pequeñas renuncias. Renunciamos a decidir, renunciamos a buscar, renunciamos a exponernos a lo incómodo. Y cada renuncia, tomada aisladamente, parece irrelevante. Juntas, construyen un entorno donde pensar se vuelve una actividad marginal.

Este libro no aspira a ofrecer un mapa completo ni una teoría cerrada. Es, más bien, un conjunto de aproximaciones, de tanteos, de ensayos escritos en estos tiempos de cambio desde la conciencia de que no hay exterior puro al sistema. Todos participamos de él. Todos nos beneficiamos, en mayor o menor medida, de sus comodidades. La contralgoritmia no se plantea desde la superioridad moral, sino desde la sospecha compartida. Desde la intuición de que algo se pierde cuando todo se nos da hecho.

Huxley imaginó un mundo donde la infelicidad había sido erradicada con el módico precio de vaciar de sentido la experiencia humana. La contralgoritmia no promete devolvernos un mundo trágico ni heroico, pero sí recordarnos que una vida completamente optimizada quizá no sea una vida plenamente vivida. En ese equilibrio precario entre adaptación y resistencia, entre mejora y supervivencia, se sitúa este libro. No para ofrecer un final feliz, sino para preguntar qué tipo de felicidad estamos dispuestos a aceptar y qué estamos dispuestos a perder para mantenerla.

Lo que no borra el algoritmo

El papel como refugio de verdad y libertad

(diciembre, 2025)

Durante años se nos dijo que Internet iba a ser la gran hemeroteca universal, una memoria infinita al alcance de cualquiera, un archivo democrático donde nada se perdería. Hoy sabemos que era una promesa ingenua, cuando no directamente falsa. La información digital es volátil, frágil y reversible. Artículos que existieron desaparecen sin dejar rastro, enlaces que durante años sostuvieron debates y referencias acaban convertidos en errores 404, medios enteros cierran y con ellos se evapora una parte de la historia reciente. Frente a ese paisaje de amnesia programada, el papel sigue ahí, silencioso y resistente, como una garantía material de que lo escrito permanece. No porque sea romántico, sino porque es físico, rastreable y consultable al margen de modas tecnológicas, intereses corporativos o decisiones unilaterales tomadas en un despacho de Silicon Valley.

Las hemerotecas clásicas vuelven a adquirir una relevancia que nunca debieron perder. Bibliotecas nacionales, archivos universitarios, fondos documentales donde se conservan revistas y periódicos impresos son hoy, paradójicamente, más fiables que cualquier buscador. Lo que está en papel no puede ser desindexado, no puede desaparecer por un cambio en los términos de servicio, no puede ser borrado porque alguien invoque retrospectivamente a los derechos digitales. Está ahí, con su fecha, su contexto y su firma, formando parte de una continuidad histórica que el entorno digital ha demostrado no saber proteger. Basta pensar en la cantidad de textos periodísticos de los años noventa y dos mil que ya no existen en la red, no porque fueran irrelevantes, sino porque los servidores se apagaron y nadie se ocupó de preservarlos.

El papel, además, introduce una pausa. Obliga a leer de otra manera, a enfrentarse al texto sin notificaciones, sin ventanas emergentes, sin métricas en tiempo real. No hay contadores de clics ni rankings de popularidad que condicionen la escritura. Cuando un texto se publica en papel, lo hace porque alguien ha decidido que merece ser leído, no porque un algoritmo haya calculado que puede funcionar mejor a determinada hora con determinado titular. Esa diferencia es crucial. La información digital vive sometida a una lógica de optimización constante, donde el titular ya no resume el contenido sino que lo traiciona deliberadamente para atraer atención. Palabras clave, fórmulas emocionales, exageraciones calculadas y giros diseñados para la viralidad sustituyen a la buena prosa y al pensamiento articulado. El texto deja de ser el centro y pasa a ser un pretexto.

En ese ecosistema, desde hace tiempo el periodista ya no escribe para el lector —en el feliz caso de que no haya sido sustituido ya por el *Prompt Engineer*—, lo hace para el algoritmo. Ajusta el lenguaje a lo que posiciona, adapta el enfoque a lo que se comparte, sacrifica matices porque no retienen. El resultado es una inflación de ruido informativo donde todo parece urgente y nada es importante. Frente a eso, el papel actúa como un espacio de resistencia. No porque esté libre de errores o sesgos, sino porque se rige por otras reglas. No se corrige a golpe de actualización silenciosa, no se reescribe el pasado sin dejar huella, no se elimina una pieza incómoda porque alguien haya presionado lo suficiente. Lo publicado queda publicado.

Hay otro aspecto del entorno digital del que se habla poco y que resulta especialmente preocupante para cualquiera que se tome en serio la historia y el periodismo que es la facilidad con la que la información es eliminada por denuncias basadas en el derecho al honor o el derecho al olvido. Derechos legítimos, sin duda, pero que en la práctica están siendo utilizados para borrar hechos, investigaciones y contextos completos. Artículos que documentaban casos de corrupción, conflictos empresariales o trayectorias públicas desaparecen porque años después alguien decide que le perjudican. El resultado no es justicia, sino desmemoria. La historia no se reescribe mediante nuevos datos, lo hace mediante supresiones.

En papel eso no funciona así. Un número de una revista no puede ser retirado retrospectivamente de todas las estanterías. Un artículo no puede desaparecer de las hemerotecas físicas por mucho que incomode. Puede ser discutido, contextualizado, criticado o desmentido en otro texto, pero no borrado. Esa diferencia convierte al papel en un garante incómodo pero necesario de la libertad de pensamiento y de la continuidad histórica. No es una cuestión de nostalgia, lo es de responsabilidad. En *Jot Down* creemos en esa responsabilidad. Creemos que el periodismo cultural, científico y social necesita espacios donde el tiempo no sea el enemigo.

Donde un texto pueda leerse dentro de diez años y siga teniendo sentido. Donde la firma importe más que la métrica y el estilo más que el impacto inmediato. Por eso seguimos apostando por el papel, no como un fetiche, sino como una declaración editorial. Cada número impreso es una toma de posición frente a un modelo que ha convertido la información en un producto perecedero.

Resulta paradójico, por no decir desalentador, que cada semana recibamos propuestas de escritores, investigadores, fotógrafos y periodistas que nos piden visibilidad para su trabajo, que defienden la calidad, la profundidad y el pensamiento crítico, pero que luego no están suscritos. Se reivindica el valor del propio oficio, pero no se sostiene el ecosistema que lo hace posible. Se exige un espacio libre de la lógica algorítmica mientras se consume mayoritariamente información diseñada precisamente para alimentar esa lógica. Los creadores critican con dureza el expolio de los tecnoligopolios pero no se comprometen con quién lucha contra ellos. No hay contradicción más evidente.

La suscripción no es un gesto simbólico ni un acto de caridad cultural. Es un compromiso. Un compromiso con un modelo editorial que apuesta por textos largos, por entrevistas sin prisas, por ensayos que no caben en un hilo ni se resumen en un titular efectista. Es también una forma de asumir que la independencia tiene un coste y que ese coste no puede recaer únicamente en quienes escriben. En un momento en el que la inteligencia artificial empieza a inundar la red de textos correctos pero vacíos, de prosa sin experiencia y de análisis sin riesgo, apoyar proyectos que siguen defendiendo la autoría, la voz y la mirada propia no es una cuestión estética, sino ética.

Si eres creador, humanista y te preocupa tu lugar en la era de la IA, suscribirte a medios que respetan el trabajo intelectual es una forma coherente de defenderlo. No basta con reclamar reconocimiento cuando se publica un texto propio; hay que sostener los espacios donde otros también pueden hacerlo con dignidad. La cultura no se mantiene sola ni se financia con aplausos. Se mantiene con lectores comprometidos que entienden que leer es también una forma de participar.

El papel no es el pasado, es una tecnología que ha demostrado ser extraordinariamente eficaz para preservar pensamiento. No depende de servidores, no necesita actualizaciones, no responde a intereses opacos. Está ahí, esperando a ser leído, hoy o dentro de veinte años. Mientras la red olvida, el papel recuerda. Mientras el algoritmo empuja, el papel acompaña. Y en ese acompañamiento hay una forma de libertad que no conviene perder.

Suscribirse a *Jot Down* es elegir esa libertad. Es apostar por una memoria que no se borra, por una escritura que no se optimiza para gustar, por una lectura que no se mide en segundos. Es, en definitiva, asumir que la buena prosa, el pensamiento crítico y la historia compartida merecen algo más que un clic fugaz antes de desaparecer en el flujo interminable de la red. Con tu apoyo no solo recibes una revista en casa, tomas partido por una forma de hacer periodismo que no se arrodilla ante el algoritmo ni escribe pensando en la caducidad. Es garantizar que los textos que hoy se publican seguirán existiendo mañana, consultables, citables, incómodos si hace falta. Cada suscripción refuerza esa independencia y permite que el papel siga siendo un refugio para el pensamiento largo y la escritura sin trampas.

También es una llamada a la coherencia. A quienes leen, a quienes escriben y a quienes piden visibilidad. No se puede defender la calidad y vivir únicamente de la gratuidad digital. Si creemos que el periodismo y la cultura merecen algo más que ser devorados por el flujo de la red, la suscripción es la forma más sencilla y honesta de demostrarlo. No como consumidores, como parte activa de un proyecto editorial. Y hay una responsabilidad compartida en todo esto. *Jot Down* existe porque hay lectores que entienden que la cultura no se sostiene sola. Que el papel cuesta, que editar con rigor cuesta y que mantener una voz propia cuesta. Suscribirse es asumir ese coste para que otros no tengan que pagar con silencio, precariedad o desaparición. Es una manera concreta de decir que este tipo de periodismo importa y de garantizar que seguirá estando ahí cuando la red haya olvidado otra cosa más.

La sociedad narcisista
Todos escriben, nadie lee
(noviembre, 2025)

Hoy informaban en *El Mundo* que la compañía Lantia Publishing acaba de anunciar la compra de Editorial Círculo Rojo, una operación que convierte a la empresa sevillana en «el mayor grupo editorial de España por número de títulos publicados». La adquisición, asesorada por Banco Santander, unifica dos modelos de autoedición industrial: el de Lantia, centrado en tecnología y servicios editoriales, y el de Círculo Rojo, pionera en la publicación bajo demanda. Con más de cuarenta mil títulos en su catálogo y una producción automatizada en la que «no se queda ni un solo libro en el almacén al cabo del día», el nuevo grupo supera ya en volumen de obras a los dos gigantes tradicionales: Penguin Random House y Grupo Planeta juntos. La cifra no mide lectores, sino la magnitud de un fenómeno silencioso: la autoedición de empresa publica más que la industria editorial entera.

No es un hecho aislado. Hace diez años, en una entrevista que realicé para *Jot Down*, Koro Castellano —entonces directora de Kindle en español para

Amazon— nos revelaba un dato inquietante: «El 54 % ha empezado [a escribir un libro], pero el 82 % no lo ha terminado». Añadía que casi la mitad de los veinticinco títulos más vendidos cada semana eran de autores autoeditados mediante KDP (Kindle Direct Publishing). En aquel 2015, antes de la inteligencia artificial y de la fiebre de los textos generativos, Amazon ya había detectado el deseo masivo de escribir. Castellano resumía el contexto con una frase que hoy suena profética: «La auténtica competencia de la lectura serían los juegos de móvil o las series de televisión».

Diez años después, esa competencia se ha desplazado hacia el interior. Ya no es Candy Crush el rival del libro, sino el propio escritor que cada cual lleva dentro. Si entonces un 40 % de los usuarios había comenzado una novela, hoy la proporción sería casi total ya que cualquiera con un teclado y un chatbot gratuito puede producir una; incluso yo mismo imparto un taller para explicar cómo hacerlo —con el consiguiente enfado de alguno de nuestros lectores— . El yo se ha industrializado convirtiendo lo que antes era un gesto solitario y esforzado en un trámite asistido por algoritmos. Escribir se ha convertido en una prolongación del impulso narcisista de la época, la versión literaria del selfie.

En una entrevista a Enrique Murillo, editor y fundador de Los Libros del Lince, que acaba de publicar *Personaje secundario. La oscura trastienda de la edición* afirma con derrotismo: «El libro ya no es para leer, es para regalar». Lo dice como quien observa cómo el objeto cultural se convierte en una mercancía sentimental. Poco antes, la influencer María Pombo protagonizaba una polémica al declarar: «Hay que superar que hay gente a la que no le gusta leer. Y encima no sois mejores porque os guste leer». Sus estanterías, ordenadas por colores, mandan dos mensajes muy claros, el clásico: el libro es un elemento decorativo, y el trumpista: uno puede presumir de ello. El heredero del papiro no simboliza conocimiento, sino gusto; no se abre, se exhibe. El acto de poseer un libro —regalarlo, mostrarlo, fotografiarlo— sustituye al de leerlo. Así, entre el editor que constata la desaparición del lector y la influencer que transforma el libro en un elemento decorativo, se dibuja la metáfora perfecta de nuestra cultura narcisista.

Nunca hubo tantos libros, ni tan poca lectura. La paradoja define nuestra civilización: un planeta que escribe compulsivamente y que apenas lee. La democratización de la publicación no ha traído una explosión de pensamiento, sino una inflación de ego. El libro se ha convertido —como diría Pierre Bourdieu— en instrumento de distinción, una forma de existir en la esfera simbólica al mismo nivel que llevar una kufiya o una pulserita rojigualda, pero en el ámbito de lo cool en lugar de lo político. En este nuevo ecosistema, la escritura ya no implica interioridad. Es una operación exterior, un acto de presencia. El escritor tradicional, ese que buscaba comprender el mundo, ha sido reemplazado por el productor de contenido que busca ser visible. El lector, antaño destinatario natural del texto, se disuelve en la multitud. Lo que se produce no es literatura, sino ruido. Cada libro publicado alimenta el vértigo de un océano en el que nadie distingue una voz de otra.

La sociedad narcisista no quiere leer porque leer es renunciar al yo ególatra. La lectura exige lentitud, atención, alteridad: tres virtudes incompatibles con el ritmo y la lógica del presente. Escribir, en cambio, se ha vuelto un acto de autopreservación. Uno no escribe para decir algo, sino para exhibirse. La gente necesita casito y de ahí la proliferación de obras sin lector, novelas que nadie abrirá, poemarios que no pasan de la caja de entrega de Amazon. En una cultura donde hay una competencia atroz por la visibilidad, la escritura se convierte en un ritual de supervivencia simbólica. En otro tiempo, escribir era un acto de resistencia contra la fugacidad: un modo de fijar la experiencia, de darle forma. Hoy, paradójicamente, es un modo de participar en esa fugacidad.

Hace unos días un conocido editor me contaba que se estaba planteando sacar un libro de grupos folclóricos de su ciudad «con fotos» y lo justificaba diciendo que son 50 grupos por 50 componentes cada uno que además tienen mucha familia y amigos. Calculaba vender 1000 libros que nadie leería solo para tenerlo, para regalarlo o para salir en él. Esa es la ecuación comercial perfecta del nuevo mercado del libro: la compra no responde al deseo de leer, sino a la necesidad de pertenecer. El libro se convierte en souvenir, en gesto de identidad colectiva, en álbum de presencia. En este esquema, el contenido es lo de menos; basta con aparecer impreso, como en una foto de grupo que legitima la existencia de quien posa. Lo literario se disuelve en lo social.

El editor ya no busca lectores, sino compradores con un vínculo afectivo o estético con el objeto.

Y así, entre el editor pragmático que calcula mil ventas garantizadas sin una sola lectura y el autor que se autoedita para sentirse visible, se cierra el círculo: el libro, antaño artefacto de pensamiento, ha pasado a ser fetiche y mercancía sentimental, un puñetero Funko. El libro se imprime bajo demanda, se envía en 24 horas y se olvida en lo que se tarda en mostrar la portada en instagram. La permanencia se ha sustituido por la inmediatez; la profundidad, por la visibilidad para satisfacer la boyante industria del yo. Publicar un libro ha dejado ser un sueño de autor para convertirse es un capricho más.

La irrupción de la inteligencia artificial solo ha acelerado el proceso acercándolo hasta al más corky. La máquina no sustituye al autor: lo multiplica produciendo infinitos textos posibles, infinitas versiones del mismo yo basadas en el robo sistemático del trabajo de otros pero, ese exceso no democratiza el talento, sino que banaliza la expresión. Si antes el problema era quién tenía algo que decir, ahora es quién tendrá tiempo —o disposición— para escuchar. El ruido ha ocupado el lugar del pensamiento con una eficacia envidiable. La calidad, esa antigualla elitista, ha sido felizmente sustituida por la cantidad: millones de textos que compiten por no decir nada antes que nadie. En esta gloriosa era de los mil escritores por minuto, el silencio se ha vuelto un acto subversivo, casi terrorista. La jerarquía cultural, aquella reliquia basada en leer, reflexionar y elegir, ha sido derrocada por el algoritmo democrático. Antes los libros se escribían para ser leídos; ahora basta con que salgan bien en la foto de Instagram.

La fusión de Lantia y Círculo Rojo no es solo un hito empresarial —con perspectivas de tener mucho éxito— sino que pone fecha a un cambio antropológico desde el sector editorial. La sociedad que produce más autores que lectores está diciendo algo sobre sí misma: que ha perdido la fe en la escucha, que confunde expresión con comunicación, que ha sustituido la conversación por la emisión continua del yo. El problema no es que todos escriban; el problema es que nadie lea. Porque leer ya es el último gesto de humildad que nos queda.

La cultura escrita
el bien común que nadie quiere pagar y así nos va
(noviembre, 2025)

El *Tercer Observatorio de la Sostenibilidad de la Cultura Escrita*, presentado por CEDRO en octubre de 2025, ofrece una radiografía minuciosa de la relación entre los españoles y su patrimonio intelectual. Es un documento sereno, preciso, que no se limita a enumerar estadísticas, sino que intenta comprender una contradicción de fondo: la cultura escrita —libros, revistas, periódicos— es considerada por la mayoría como un bien de mérito, algo que debe protegerse y promoverse activamente, pero no necesariamente pagarse. Según el informe, el 83,7 % de los ciudadanos cree que respetar los derechos de autor es una buena práctica social. En teoría, la cultura se valora; en la práctica, se descarga.

El mérito del trabajo de CEDRO está en situar este debate en un terreno moral, no solo económico. Habla de disonancia cognitiva, de los sesgos que justifican el consumo ilegal de obras y de cómo la falta de ejemplaridad institucional refuerza esas conductas. Por primera vez, un estudio sobre derechos de autor en España incorpora el análisis psicológico de la piratería y de la indiferencia: la gratificación instantánea, el falso consenso, la autojustificación («si me gusta, luego lo compraré») o el sesgo de autoridad («si las instituciones lo hacen, no debe de ser tan grave»). CEDRO no se limita a señalar culpables: muestra cómo la sociedad entera participa en la erosión de aquello que dice admirar.

El problema es que la cultura española se sostiene sobre una paradoja contable. Según el *Comercio Interior del Libro en España 2024*, publicado por la Federación de Gremios de Editores, en España se facturaron más de 3.000 millones de euros para un total de ventas que alcanzó casi 200 millones de ejemplares y un precio medio de 14,69 euros. Si se reparte entre la población mayor de catorce años el resultado es elocuente: apenas 2,8 libros por habitante y año. En 2012 eran unos 3,7, y en Francia la media actual ronda los 6,5 libros por persona, según la Syndicat National de l'Édition. Leemos más titulares, opinamos más en redes, pero compramos menos cultura. El discurso público sobre la importancia de la lectura convive con una práctica privada de indiferencia. Las librerías cierran con la misma frecuencia con que se inauguran congresos sobre el valor de la cultura. Y el lector que se declara amante de los libros es, a menudo, el mismo que los obtiene por vías que no retribuyen a nadie.

Lo mismo sucede con los medios de comunicación. España figura entre los países de Europa donde más gente se informa y menos paga por hacerlo. Según el *Digital News Report 2025* del Reuters Institute, solo el 11 % de los españoles paga por acceder a noticias digitales, frente al 21 % de los franceses o el 45 % de los noruegos. Los demás leen versiones gratuitas, comparten enlaces pirateados o se conforman con los titulares de redes sociales. El resultado es un ecosistema mediático precario, dependiente de la publicidad programática o de los algoritmos, donde el periodista escribe para un público que ya no es lector, sino usuario. Queremos información veraz, pero gratuita; cultura libre, pero sin coste; pensamiento crítico, pero sin esfuerzo.

En ese contexto, resulta casi heroico el nacimiento de proyectos como *Página Internacional*, un medio que apuesta por un modelo sostenible y riguroso de información internacional, de esos que llevan años funcionando en Europa y que aquí, en fin… en España, siempre parecen llegar con el viento en contra. Le deseamos toda la suerte del mundo, porque la va a necesitar. No tanto por la calidad del proyecto —que la tiene—, sino por la escasa disposición de los ciudadanos a pagar por aquello que dicen valorar: una prensa libre, exigente y bien hecha.

CEDRO, con buen criterio, sitúa el foco también en la responsabilidad institucional. El informe recoge que el 96 % de los encuestados considera más grave que una administración pública vulnere los derechos de autor a que lo haga una empresa privada. Y no es un dato menor. La falta de licencias, las fotocopias en centros educativos o el uso de obras sin permiso para entrenar sistemas de inteligencia artificial son percibidos como actos que legitiman el desprecio social hacia la propiedad intelectual. La ejemplaridad institucional, dice el informe, no es solo deseable: es indispensable. Porque si quien debe proteger los derechos los ignora, el ciudadano se siente legitimado para hacer lo mismo.

El diagnóstico es lúcido, y lo es también en su advertencia sobre la inteligencia artificial. El 59 % de los españoles ha utilizado herramientas generativas y el 72 % lo ha hecho sobre contenidos preexistentes: libros, textos o material educativo. Se aprovecha el trabajo de otros sin remunerarlos, al tiempo que un 89,7 % reclama al Estado una regulación para proteger a los autores. Esa doble moral digital, donde se exige protección para lo que uno mismo no respeta, es uno de los retratos más inquietantes del informe. CEDRO no demoniza la tecnología, pero advierte del riesgo de que la cultura se desplace del contenido al canal, del libro al algoritmo, del autor al programa.

Y mientras el debate se instala en los despachos, en las redacciones ya ha comenzado la transición silenciosa. Circulan rumores bastante serios —y algunos ya confirmados— sobre grandes medios nacionales que están sustituyendo a redactores y columnistas por prompt engineers: especialistas en diseñar instrucciones para que las inteligencias artificiales generen textos, titulares o incluso enfoques informativos. El periodista que observaba la realidad empieza a ser reemplazado por quien sabe cómo pedirle a una máquina que la imite. El problema no es solo ético, sino cultural: si la escritura se convierte en una simulación rentable, el pensamiento corre el riesgo de volverse accesorio. En el fondo, la pregunta que sobrevuela el informe de CEDRO es la misma que se cuela entre esas redacciones enmudecidas: ¿quién escribirá cuando escribir deje de pagarse?

El estudio no se limita a constatar los males: propone salidas. Reclama una legislación clara, sin excepciones ni ambigüedades; transparencia institucional en el uso de contenidos protegidos; formación sobre derechos de autor en todos los niveles educativos; campañas de sensibilización sostenidas y una cooperación público-privada que haga de la ejemplaridad un principio rector. No es una lista de deseos, sino una agenda práctica. CEDRO entiende que la cultura escrita no se defiende solo con subvenciones ni con discursos, sino con estructuras que reconozcan su valor económico y simbólico.

Pero, al mismo tiempo, el informe deja entrever una evidencia incómoda: por muy sólido que sea el marco legal, ninguna ley puede obligar a valorar lo que se desprecia en la práctica. El problema no es la falta de normas, sino la falta de compromiso. España ha convertido la cultura en un ideal gratuito, una causa que se defiende con palabras, pero no con gestos. El ciudadano que exige campañas contra la piratería es el mismo que busca versiones libres de pago; el lector que critica la precariedad del periodismo es el mismo que jamás ha pagado una suscripción. Y así, mientras el Estado debate sobre regulación y los editores sobre sostenibilidad, la cultura se convierte en un servicio moral: algo que «debe existir», pero que otros financien.

En *Jot Down* lo sabemos bien. Cada cierto tiempo reaparece la misma crítica: la presencia de anuncios de temas controvertidos —como apuestas deportivas— en nuestras páginas. Quienes protestan lo hacen en nombre de la pureza cultural, pero rara vez en nombre del apoyo económico. Muchos de los que censuran esos anuncios jamás han pagado una suscripción, ni comprado una revista, ni contribuido a sostener el proyecto que dicen respetar. Exigen un periodismo independiente, pero no están dispuestos a financiarlo; quieren una revista libre de condicionantes, pero sin asumir el coste que la libertad impone. Esa hipocresía cotidiana, que el informe de CEDRO diagnostica con tanta precisión, explica por qué la cultura se tambalea incluso cuando se la aplaude.

En eso radica la grandeza y la tristeza del diagnóstico de CEDRO. Grandeza, porque devuelve al debate público la idea de que los derechos de autor no son un privilegio, sino una forma de justicia. Tristeza, porque constata que la sociedad que más reivindica la cultura es también la que menos la sostiene. Lo verdaderamente alarmante no es la piratería, ni la inteligencia artificial, ni el descontrol tecnológico: es la indiferencia cultural que convierte el trabajo creativo en un bien prescindible.

La cultura escrita es, sin duda, un bien común. Pero los bienes comunes no sobreviven sin compromiso. Y ese compromiso no se mide en declaraciones, sino en actos: comprar un libro, pagar una suscripción, reconocer que el conocimiento tiene un precio. No basta con compartir citas en redes o indignarse ante la censura si luego se desprecia el trabajo de quienes crean, editan o informan. La cultura no necesita más aplausos, sino más responsabilidad: lectores que paguen por leer, ciudadanos que comprendan que cada artículo, cada poema y cada ensayo existen porque alguien los sostiene. Si seguimos esperando que otros lo hagan, lo que desaparecerá no serán las subvenciones ni los derechos de autor, sino la posibilidad misma de seguir pensando por cuenta propia.

Los algoritmos que te idiotizan, te roban o fomentan la prostitución y el juego (octubre, 2025)

Hay un experimento que se lleva realizando desde hace más de una década. Se realiza sin consentimiento, sin grupo de control y sin ética: entregamos un teléfono inteligente a cada adolescente y lo dejamos en manos de empresas cuyo negocio se basa en que se pasen todo su tiempo mirándolo. Le llaman progreso, conectividad e incluso libertad. Sin embargo, a este experimento de condicionamiento pavloviano a escala planetaria habría que llamarlo idiotización; una adicción diseñada desde el conocimiento neurocientífico para que confundamos el placer con la dependencia y la conexión con la sumisión.

Hace unos meses, un grupo de investigadores propuso una escala para medir la adicción a YouTube. La llamaron «YouTube Addiction Scale» y la validaron con más de mil estudiantes iraníes. Los resultados fueron inequívocos demostrando que la conducta de uso problemático responde a los mismos seis componentes que cualquier otra adicción —saliencia, modificación del ánimo, tolerancia, abstinencia, conflicto y recaída—. La dopamina digital no distingue entre nicotina o notificación. El vídeo corto, el refuerzo inmediato, el estímulo constante forman la arquitectura del deseo diseñada para que nunca dejemos de mirar la pantalla.

YouTube que nació como carrusel doméstico de ocurrencias se ha convertido en una autopista de dopamina que educa, entretiene y desinforma a partes iguales. Su mayor innovación ha sido descubrir que el tiempo de visionado se multiplica cuando se elimina la decisión. El autoplay —esa función que reproduce un vídeo tras otro sin pedir permiso— es el equivalente digital del vaso del alcohólico que el camarero diligente llena una y otra vez en la barra del bar sin que el parroquiano se lo pida. Lo que era una herramienta pedagógica y/o de ocio se ha convertido en un flujo ininterrumpido de contenido que sustituye la elección por la inercia y transforma a toda una generación en clones de Ignatius J, Really.

Esa misma lógica la han replicado TikTok, Instagram y todas las demás. El scroll infinito es la «droga» más barata y eficaz jamás inventada. El algoritmo no busca la verdad ni la belleza, busca que el usuario se enganche y quede atrapado mientras se le deseca el cerebro como a una mosca en el ámbar digital de su propia atención. Las tecnológicas no han tardado en crear un concepto para medir cuanto tiempo nos quitan, se trata del share of mind y equivale al tiempo de atención que una plataforma logra monopolizar. Cuanto más tiempo pasamos en YouTube, TikTok o Instagram —y más pensamos en volver a ellas cuando no estamos conectados—, mayor es su share of mind. En otras palabras: no compiten ya por nuestros clics, sino por nuestra conciencia.

En febrero, el condado de San Diego presentó una demanda histórica contra Meta, Google, Snap y TikTok. Los acusa de diseñar deliberadamente plataformas "manipuladoras" y "adictivas", sabiendo que los adolescentes son particularmente vulnerables. La demanda, amparada en la figura legal de "molestia pública", cita un aumento del treinta por ciento en diagnósticos de salud mental infantil y un incremento del quinientos por ciento en visitas de urgencia por crisis de ansiedad o depresión desde 2010. La fiscalía no habla de daños colaterales: habla de daños planificados. Las empresas niegan la acusación con el cinismo de quien factura miles de millones. Google alega que "YouTube no es una red social". Meta insiste en que sus "herramientas de bienestar" demuestran buena voluntad. Lo mismo dijo la industria del tabaco en los ochenta. Lo mismo decían los fabricantes de máquinas tragaperras antes de que se regularan las luces intermitentes.

La prueba más contundente no está en los tribunales, sino en las aulas. Jessica Grose lo relataba en *The New York Times* bajo el título "The Unexpected Upside of Phone Bans in Schools": tras prohibir el uso del móvil en las escuelas públicas de Kentucky, los préstamos de libros en las bibliotecas se dispararon. En apenas diecisiete días, un instituto con solo un diecisiete por ciento de alumnos competentes en lectura había prestado 1.200 libros, casi la mitad de todo el año anterior. Cuando los adolescentes se vieron privados de TikTok durante ocho horas diarias, descubrieron algo impensable: el aburrimiento conduce a la lectura. Según la National Assessment of Educational Progress, un tercio de los estudiantes de último curso de secundaria carece de habilidades básicas de lectura.

Mientras tanto, aquí en España el ministro de Transformación Digital acompaña en el Congreso a los directivos de Google para legitimar el uso de YouTube en las aulas. ¿Con qué cantos de sirena se siente impelido a acudir Óscar López a un acto así? ¿Quizás piense que se trata de progreso tecnológico? ¿Modernización de la educación? O tal vez sea algo mucho más mundano y el señor ministro piense como casi toda la clase política en el corto plazo y fantasee con los pequeños ajustes «algorítmicos» pueden decantar unas elecciones. Porque en la nueva política del clic, gobernar ya no consiste en convencer a las personas, sino en manejar las pantallas que las hipnotizan. Y quienes controlan esas pantallas, controlan también el pulso invisible de la opinión pública, esa plaza digital donde la atención se compra, se mide y se vende al mejor postor.

Desde luego, a estas alturas, no hay nada más reaccionario que confundir pedagogía con marketing ni más ingenuo que pensar que un algoritmo que arruina la atención fuera del colegio servirá para cultivarla dentro. Y lo que empezó como una promesa de acceso ilimitado al conocimiento ha terminado siendo una fábrica de impulsos, el robo a gran escala a los creadores y la colonización definitiva de la mente por parte del capital tecnológico. Las plataformas no educan: extraen. No comparten cultura, la mercantilizan; no difunden conocimiento, lo empaquetan en fragmentos diseñados para durar lo que tarda en aparecer el siguiente anuncio. ¿Para cuándo esta otra descolonización señor Urtasun, ministro de Cultura? Porque mientras debatimos sobre lenguas cooficiales y patrimonio inmaterial, las plataformas están expoliando a todos esos autores que desde su Ministerio apoyan.

Sigamos con la idiotización de la ciudadanía, que me voy por las ramas. La cronología coincide: en el 2013, cuando los smartphones se consolidaron en el aula, las puntuaciones en lectura y matemáticas comenzaron a caer de manera sostenida y se empieza observar un estancamiento e incluso una reversión del Efecto Flynn. A la vez, la proporción de adolescentes "casi constantemente en línea" se duplicó. Sabemos que correlación no implica causalidad, pero cambiar el ejercicio de pensar por el de deslizar tiene todas las papeletas para ser la antesala de un empobrecimiento cognitivo colectivo. No hace falta un comité científico para intuirlo.

Instagram, por su parte, ha llevado este experimento a un terreno más oscuro. El informe Teen Accounts, Broken Promises —publicado por Fairplay y Global Action Plan— demuestra que la plataforma de Meta incumple sus propias normas de protección infantil. Las cuentas de prueba, configuradas como adolescentes de trece a dieciséis años, recibieron mensajes de adultos desconocidos, invitaciones a grupos con contenido sexual y recomendaciones de perfiles con material sobre autolesiones o trastornos alimentarios. Es decir, el algoritmo no solo no protege: amplifica el daño. El estudio revela que Instagram permite que adultos moneticen cuentas que sexualizan a menores, que el sistema de denuncias es ineficaz y que las recomendaciones algorítmicas continúan empujando a los adolescentes hacia zonas de riesgo. Meta, la empresa que prometió proteger a los jóvenes, prioriza el tiempo de pantalla sobre el bienestar. Sus promesas rotas son una constante: el "centro de seguridad para familias", la "verificación de edad mejorada", la "experiencia supervisada" son solo marketing.

Y aún podemos ir más allá porque Instagram es para muchos adolescentes la puerta de entrada a la prostitución tanto para ejercerla como para practicarla. Sin embargo, la ministra de Igualdad Ana Redondo que tanto presiona para abolir el negocio del sexo de pago no se entera de lo que tiene delante de sus narices. Instagram funciona como escaparate, OnlyFans como transacción, y el cuerpo —especialmente el femenino— como mercancía algorítmica. Es un mercado perfectamente engrasado en el que el algoritmo sustituye al proxeneta y la exposición voluntaria hace innecesario el burdel. Ya no hace falta una esquina ni un intermediario: basta con un perfil, una cámara y la ilusión de control. Pero detrás de esa apariencia de libertad hay una maquinaria que convierte el deseo en dato y la intimidad en producto, mientras el Estado mira hacia otro lado, demasiado ocupado en legislar la moral como para entender cómo se está mercantilizando el alma. Y los números son espeluznantes. Investigue.

Ya ven que vuelvo a desviar y es que es ponerse a analizar los algoritmos de las plataformas y se multiplican los frentes. Mientras el código perfecciona su capacidad para mantenernos enganchados, los adultos nos hemos rendido a la misma dependencia que criticamos en los jóvenes. La frontera entre el adolescente distraído y el profesional hiperconectado se ha vuelto borrosa. No hay aula sin notificación, ni sobremesa sin pantalla. Las redes nos han convertido en animales de respuesta inmediata, esclavos de un mecanismo de refuerzo que alterna el miedo a perdernos algo con la recompensa de una aprobación efímera. La adicción digital no es ningún accidente, es un modelo de negocio. Las empresas tecnológicas diseñan su producto como un casino portátil. Cada scroll es una tirada, cada "me gusta" un destello de dopamina, cada recomendación un cálculo estadístico de nuestras flaquezas. Los científicos lo saben, los legisladores lo intuyen, pero los usuarios seguimos apostando.

¿He dicho Casino? He dicho casino. Y aquí otro melón: el fomento de la ludopatía con los videojuegos actuales. Las administraciones, no contentas con haber permitido que florezcan salones de juego en cada manzana, han decidido no percatarse de que la industria del entretenimiento digital convierte a millones de menores en aprendices de apostador. Ya no hace falta cruzar la puerta de un local con neones y cristales opacos para engancharse al juego, basta con encender la consola, el móvil o el ordenador. La mecánica es siempre la misma: inyecciones de dopamina vía píxeles. Los llamados loot boxes, esos cofres virtuales que conceden recompensas aleatorias a cambio de dinero real son exactamente lo que parecen: tragaperras con diseño de videojuego. Y lo más perverso es que, al presentarse como parte de una "experiencia lúdica", consiguen escapar a toda regulación. Un niño de doce años no puede comprar un boleto de lotería, pero sí gastar la tarjeta de sus padres intentando conseguir un skin legendario en Fortnite o un jugador dorado en FIFA Ultimate Team.

Qué tiempos cuando jugábamos a The Monkey Island y los cofres virtuales contenían ingeniosas pistas para avanzar en lugar de llamativas gemas para aumentar tu colección de armas. Entonces el premio te subía la autoestima; ahora te frustra con número de monedas que no es suficiente para adquirir algún ítem necesario para avanzar en la sucesión de fases infinitas. Los algoritmos que rigen estos sistemas están diseñados desde el neuromarketing para generar frustración mientras se intercalan pequeñas victorias con "ofertas temporales" que simulan oportunidad y urgencia. Todo responde al mismo principio que los casinos de Nevada: reforzamiento variable, esa técnica psicológica que Skinner describió en sus experimentos con palomas. Ahora, tristemente, el casino lo tenemos en nuestras manos, las cartas las reparte una IA y el dinero desaparece digitalmente con los sibilinos micropagos y agotadoras suscripciones.

Mientras el ministro Pablo Bustinduy lucha a brazo partido para que no paguemos por las maletas en cabina de las compañías low cost, a la Dirección General de Ordenación del Juego que depende de su Ministerio ni se la ve ni se la espera en un tema tan serio. Las instituciones se felicitan por "fomentar la innovación en el sector del videojuego" y hasta subvencionan ferias y eventos que son, en la práctica, pasarelas de ludopatía adolescente con luces de neón y camisetas corporativas. La retórica oficial es siempre la misma: industria cultural, formación en competencias digitales, economía creativa. Lo que no dicen es que el modelo de negocio dominante se basa en la adicción, no en la creatividad. No queda otra mencionar que varios países de nuestro entorno ya tratan los loot boxes como apuestas encubiertas: Bélgica y Países Bajos las han prohibido, mientras Noruega, Dinamarca y Reino Unido las regulan o exigen transparencia sobre las probabilidades de premio. Japón ya vetó su versión local por fomentar la adicción. Basta ya de celebrar la gamificación.

En los años sesenta, Herbert Marcuse proponía que la tecnología podía disfrazarse de liberación para acabar controlándolo todo. Medio siglo después, el diagnóstico se ha confirmado. Pensábamos que las máquinas nos liberarían del trabajo y, al final, nos tienen esclavizados en el ocio. El algoritmo no se cansa, y por lo visto, nosotros tampoco. El asunto no es solo de salud mental. Es de libertad, o de lo que queda de ella. Cuando una generación crece sin tiempo para aburrirse, también pierde la costumbre de pensar. La atención es el petróleo de este siglo, y los dueños de YouTube, TikTok o Instagram la extraen sin remordimientos. No se limitan a distraernos, sino que deciden qué tenemos que mirar y qué «verdad» debe ser la que conozcamos. Si el algoritmo determina lo que nos gusta, ya no queda espacio para decidir nada. Solo seguimos la corriente, con el pulgar, creyendo que somos libres porque elegimos el color del grillete.

Las prohibiciones de móviles en las escuelas son un primer gesto de resistencia. No porque vayan a devolvernos súbitamente la concentración perdida, sino porque establecen un límite simbólico. La escuela no puede competir con las tecnológicas en estímulos, pero sí puede ofrecer una alternativa: silencio, tiempo, profundidad. Si un adolescente se aburre, quizá empiece a leer; si lee, quizá empiece a pensar. En esa cadena de acontecimientos reside el camino para recuperar la dignidad intelectual. Lo que preocupa no es solo el daño que estos sistemas causan, sino la naturalidad con que lo aceptamos. Hablamos de "consumo de contenidos" como si se tratara de alimentos, pero no hay trazabilidad ni información nutricional en la etiqueta. Tampoco contamos con un medidor de la ansiedad generada por nuestro timeline, desconocemos cuánta autoestima destruye la comparación constante o cuántos neurotransmisores se liberan en cada reel. Hemos convertido el ocio en un laboratorio de reacciones químicas.

El siglo XXI nos ha convertido en materia prima para la economía de la distracción. La solución no vendrá de las empresas que se benefician del problema ni de gobiernos que confunden digitalización con progreso. Hacen falta respuestas institucionales a todos estos algoritmos que amplifican los clásicos males que afectan al ser humano desde el principio de los tiempos como son las adicciones, el expolio o la prostitución. También hay que pedirle a la ciudadanía reflexión y activismo contralgorítmico. Una contralgoritmia que enseñe a distinguir el deseo del estímulo, el conocimiento del contenido, la conexión del consumo. Que regule, pero también que reeduque; que entienda que proteger la mente es una forma de justicia social. Porque lo que está en juego no es solo la salud mental de nuestros hijos, sino la soberanía de nuestras conciencias. De YouTube a Instagram, pasando por TikTok, OnlyFans o los videojuegos con cofres que suenan como monedas cayendo, el mensaje es el mismo: quieren tu atención, no tu opinión. La contralgoritmia no es nostalgia de un pasado analógico, es una defensa del pensamiento libre en una era que pretende programarlo todo, incluso la mente.

Como yo sé hacerlo y puedo hacerlo, te jodes (septiembre, 2025)

El Parlamento Europeo encargó un estudio técnico sobre inteligencia artificial generativa y derecho de autor. El autor principal es Axel Brando, investigador del Barcelona Supercomputing Center. Su trabajo ha puesto sobre la mesa, con claridad, lo que hasta ahora se intuía: los modelos generativos no emergen de la nada, dependen directamente de las obras de millones de autores, editores y periodistas que jamás fueron consultados ni remunerados. Pero antes incluso de llegar a ese diagnóstico institucional, la investigación académica independiente ya había empezado a levantar el velo.

Un ejemplo clave es el artículo científico: «Did you train on my dataset?» de Pratyush Maini, Hengrui Jia, Nicolas Papernot y Adam Dziedzic, publicado por instituciones como Carnegie Mellon, DatologyAI, Vector Institute, la Universidad de Toronto y el CISPA Helmholtz Center. Este estudio analiza si es posible determinar, a partir del comportamiento de un modelo de lenguaje, qué datos concretos formaron parte de su entrenamiento.

La pregunta que guía la investigación es sencilla y trascendente: ¿puede un autor saber si su obra fue usada sin permiso para alimentar una IA? La respuesta, contra lo que dicen las tecnológicas, es que sí.

El método de Maini y su equipo consiste en diseñar ataques de inferencia que examinan cómo un modelo responde a determinados estímulos. Si el modelo fue entrenado con un texto, sus respuestas mostrarán huellas estadísticas detectables: pequeñas variaciones de probabilidad, sesgos de formulación, repeticiones de patrones. No se trata de copiar frases enteras, sino de algo más profundo: el modelo queda marcado por el material con el que se formó. Dicho de otra manera, el dataset deja marcas en el sistema, marcas que los investigadores saben leer. Esto rompe el argumento más repetido por las empresas de IA, que aseguran que los datos son irrelevantes porque los modelos solo extraen patrones generales y no guardan rastros individuales. El estudio demuestra que cada obra contribuye, de manera acumulativa, a modelar el comportamiento del sistema. Esa contribución es medible y, por tanto, exigible en términos de reconocimiento y compensación.

El segundo gran informe es el encargado por el propio Parlamento Europeo a Brando. Allí se aborda lo que se denomina "vacío de trazabilidad": la imposibilidad técnica actual de determinar con precisión qué obra influyó en una salida concreta del modelo. No porque sea imposible en principio, sino porque las arquitecturas están diseñadas para diluir cualquier rastro. La IA funciona deformando un espacio matemático en miles de dimensiones —un "hiperplano generativo"— donde cada obra tira un poco de la superficie, y el resultado final es un punto elegido sobre esa malla. ¿Cómo probar que ese punto viene de un libro, un artículo o una canción específica? Hoy no hay herramientas, y las empresas se benefician de esa opacidad

Brando desmonta la coartada de la "creación autónoma" de los modelos. Habla de stochastic parroting, el loro estocástico: máquinas que repiten estadísticamente lo que ya existía, con un barniz de originalidad probabilística. Advierte que la novedad no puede entenderse como algo binario —nuevo o copiado— sino como un espectro en el que cada salida está ligada probabilísticamente a miles de influencias previas. Y eso tiene consecuencias: si no hay manera de rastrear la dependencia, se erosiona la posibilidad de remunerar justamente a los creadores, y los sistemas de licencias se vuelven papel mojado.

Pero lo más revelador es que la remuneración no solo es deseable, sino técnicamente posible. Se puede pagar por token: cada fragmento generado por un modelo puede vincularse a un sistema de licencias colectivas que redistribuya compensaciones según el uso estadístico. Si se puede contar cuántos millones de tokens procesa ChatGPT cada día, también se puede calcular cuánta parte de ese caudal corresponde a las obras con las que fue entrenado. No hay un problema técnico, hay una falta de voluntad política y empresarial. La UE acaba de lanzar en septiembre otra consulta para elaborar directrices y un código de buenas prácticas sobre sistemas de IA transparentes. Es consciente de lo que está pasando en esta carrera por la IA que arrasa con todo.

Mientras tanto, se gasta una cantidad ingente de dinero en hardware, en chips fabricados en Taiwán, en nubes alojadas en Estados Unidos, en energía que dispara los presupuestos europeos… y a los creadores se les dan excusas. A los ingenieros de NVIDIA se les paga, a los operadores de centros de datos también, pero a los escritores, periodistas, músicos o ilustradores se les niega incluso el reconocimiento de que su trabajo está en la base de esta maquinaria. Mucho presumir de organismos europeos que velan por la "IA ética", mucho documento institucional lleno de palabrería, y sin embargo campo abierto al robo.

La excepción, como suele suceder, llega de los países nórdicos. Noruega ha decidido que no participar de este saqueo disfrazado de innovación. El Ministerio de Cultura noruego anunció el 17 de septiembre de 2025 que destinará 45 millones de coronas al pago de derechos de autor por el uso de la prensa nacional en el entrenamiento de un modelo de inteligencia artificial. No es solo un gesto económico, es una declaración política: respetar los derechos de propiedad intelectual, adaptarse al idioma y a la cultura, y construir una alternativa ética y sostenible en el sector editorial. Kopinor, la entidad homóloga de CEDRO en Noruega, será la encargada de administrar este acuerdo. Su directora general, Hege Munch Gundersena, lo resumió con claridad: «es una gran noticia para los titulares de derechos noruegos y demuestra que la concesión de licencias es el camino a seguir para garantizar el uso legal de contenido protegido en el entrenamiento de modelos de IA».

Desde CEDRO, Jorge Corrales celebraba esta iniciativa subrayando que no se trata únicamente de dinero, sino de calidad y democracia: «estos sistemas no solo reproducen contenidos, sino que inciden directamente en el comportamiento del conjunto de la sociedad. Por ello, garantizar el uso de fuentes fiables y autorizadas no solo protege los derechos de los creadores, sino que también contribuye a construir una IA más justa, transparente y alineada con los valores democráticos».

Y mientras Noruega da este paso, nuestros políticos siguen mirando hacia otro lado cómplices del gran robo del siglo. Se dejan deslumbrar por las promesas de competitividad, eficiencia y futuro digital, pero no entienden —o no quieren entender— que sin autores no hay industria cultural, sin periodistas no hay democracia, sin editores no hay libros. Hablan de transición digital, de hubs de innovación, de liderazgo europeo en inteligencia artificial, pero todo queda en planes estratégicos sin dotación real para los creadores. Se firman manifiestos, se anuncian comités, se multiplican los observatorios de IA ética, pero nadie legisla lo esencial: cómo se remunera a quienes sostienen con su trabajo el contenido que alimenta a las máquinas.

En España, el Ministerio de Cultura y Deporte se limita a organizar reuniones y a prometer futuras reformas que nunca llegan; la Secretaría de Estado de Digitalización e Inteligencia Artificial, del ministerio para la Transformación Digital y de Función Pública, presume de planes de IA que solo financian a tecnológicas extranjeras; Red.es anuncia convocatorias millonarias para digitalización sin una sola cláusula que obligue a compensar a los titulares de derechos; la Comisión Nacional de los Mercados y la Competencia ni siquiera entra en el debate sobre el abuso de posición de las grandes plataformas; y la propia Comisión Europea, con su flamante Ley de Inteligencia Artificial, recubre de transparencia obligatoria lo que en la práctica sigue siendo un campo abierto al expolio cultural. Es necesario que la CNMC investigue los acuerdos exclusivos y absolutamente confidenciales que están firmando algunas empresas de IA con grupos editores dominantes (OpenAi con Prisa o Perplexity con A3) y las consecuencias que esos pactos pueden tener en el adoctrinamiento de la audiencia. Todo son promesas, informes y titulares, mientras quienes crean siguen siendo invisibles para las políticas públicas.

Ha llegado la hora de decir basta. No podemos permitir que los gobiernos conviertan la cultura en carne de cañón para entrenar algoritmos sin pagar un euro a quienes la sostienen. La unidad de los creadores no es una opción, es una obligación. Los editores de prensa y libros, los autores musicales, los ilustradores, los fotógrafos, los guionistas y en definitiva todos los que producimos contenido debemos organizarnos como un solo frente. Exigimos una respuesta inmediata de las instituciones: mecanismos de remuneración por token, auditorías independientes y licencias obligatorias que devuelvan dignidad a nuestro trabajo. No queremos más comités, ni más planes estratégicos sin presupuesto, ni más congresos con palabras huecas. Queremos leyes y dinero. Es necesaria una compensación justa ya, porque sin justicia para los creadores no hay futuro para la cultura.

El gran robo del siglo
Dialnet y el Barcelona Supercomputer Center
(junio, 2025)

Comisión de Ciencia, Innovación y Universidades. Sesión número 16 —martes, 3 de junio de 2025. La senadora Elena Castillo López, del Grupo Parlamentario Popular, inicia su intervención con una cortesía institucional —agradece la presencia y trayectoria de la ponente Eva Moraga, a quien presenta como voz autorizada del sector cultural—, pero pronto su tono vira hacia la inquietud. El discurso se convierte en un diagnóstico apremiante sobre el caos normativo que rodea a la inteligencia artificial y la falta de garantías en el uso de obras protegidas por derechos de autor.

Hay una parte muy importante. Como le decía: nos preocupa mucho quién vigila al vigilante en relación con este tema. ¿Qué opinión tiene sobre los modelos fundacionales del Gobierno? Por ponerle algún ejemplo: MarIA o ALIA, como decía el primer ponente de esta segunda intervención. ¿Le consta que para llevar a cabo el entrenamiento de estos modelos se cuenta con la autorización de los titulares de los derechos? Es decir, si el propio vigilante está haciendo un uso inadecuado de ese dato y de esa calidad del dato, mal vamos, porque no podremos hablar ni de reglamentos ni de códigos de buenas prácticas.

La respuesta de la abogada Eva Moraga Guerrero es aún más inquietante por lo serena: sí, el Gobierno ha usado Common Crawl —una base de datos que recoge contenidos masivos de Internet sin autorización— para entrenar sus modelos. Sí, lo reconoce públicamente en sus propias webs. Sí, el propio Plan Estratégico de Inteligencia Artificial fue redactado con inteligencia artificial, lo dice un pie de página. Es decir, el Estado ha construido su modelo de IA patrio con material que probablemente vulnera la legalidad, y encima lo ha hecho con orgullo. Bienvenidos al metarrelato del dato. Aquí comienza el verdadero robo.

Eso es un hecho y está reconocido. Además, en todos los modelos, tanto ALIA, como Salamandra, todos los que están puestos, se ha ido uno por uno comprobando que efectivamente se reconoce la utilización de Common Crawl. Otra cosa que hay que recordar es el Plan Estratégico de Inteligencia Artificial. Yo, cuando lo leí, dije: ¡Pero, Dios mío, ¿quién ha redactado esto?! Hasta que me di cuenta de que había un pie de página que ponía: «Para la redacción de este texto y las imágenes que se han utilizado en él se ha utilizado inteligencia artificial».

La senadora no obtiene respuestas tranquilizadoras. Lo que parecía una consulta parlamentaria se transforma en una denuncia velada: no solo los modelos lingüísticos fundacionales del Estado podrían estar vulnerando derechos de autor, sino que lo hacen con métodos que normalizan la apropiación sistemática de contenidos ajenos. De hecho en el propio informe del BSC referido a Salamandra —una familia de modelos preentrenados— de fecha 13 de febrero de 2025, en la página 67, se detallan los orígenes de obras/datos utilizados en el desarrollo de los modelos: 1. Open Direct Download (Common Crawl), 2. Ad hoc scrapers (arañas para la recolección de obras y datos desarrolladas por el propio BSC) y 3. FTP y similares (donde se podrían estar los repositorios de obras de instituciones que han firmado convenio para este proyecto, entre ellos, Dialnet. Y ello, a pesar de que, en el caso de Dialnet, en una parte importante de las ocasiones no es titular de los derechos de las obras que allí se alojan. Es aquí donde el foco se desplaza del marco normativo general a los casos concretos: ¿de dónde provienen los datos utilizados? ¿Quiénes son los responsables últimos de este expolio algorítmico? La respuesta conduce directamente a una de las infraestructuras de conocimiento más relevantes del ámbito académico hispanohablante, y a un centro de supercomputación que colabora estrechamente con el Gobierno.

Desde hace más de veinte años, Dialnet ha sido el orgullo silencioso del mundo académico en español. No presume, no grita, no se impone, pero ahí está: un archivo descomunal levantado por la Universidad de La Rioja, con infinidad de textos científicos, tesis, libros y actas de congresos que han nutrido la inteligencia de varias generaciones. Un tesoro común, público, construido con paciencia y rigor. Y sin embargo, esa catedral del conocimiento ha sido saqueada con sigilo por Common Crawl, una maquinaria automatizada que arrasa la red sin contemplaciones, copiando sin permiso, saqueando sin pudor, para engordar los estómagos insaciables de los modelos de inteligencia artificial, entre ellos los que alberga el Barcelona Supercomputing

Center (BSC), responsable del entrenamiento de los modelos lingüísticos promovidos por el Gobierno, como el citado «Alia».

No se trata de una sospecha menor. En enero de 2025, CEDRO (Centro Español de Derechos Reprográficos) logró que Common Crawl aceptase retirar contenidos editoriales digitales de su repositorio, admitiendo así que su inclusión era, cuanto menos, problemática. Según informó la propia entidad, esta decisión se tomó para «evitar su uso en el entrenamiento de IA sin autorización». Pero la retirada llegó tarde: una parte sustancial del corpus de Dialnet ya había sido capturado y empleado para entrenar modelos fundacionales, presumiblemente sin respetar el marco legal de la propiedad intelectual.

El 17 de junio de 2025, CEDRO publicó un texto demoledor en su blog bajo el título «IAG y derechos de autor: del mito de la máquina que piensa a la realidad de la reproducción literal y del puro cálculo matemático». En él se desmantela el discurso tecnófilo que presenta a la IA como un ente etéreo y neutro. Por el contrario, lo que emerge es una maquinaria de réplica, que reproduce fragmentos textuales con fidelidad quirúrgica, sin creatividad, sin derecho de cita, sin reconocimiento alguno a los autores originales. Como denuncia el artículo: «la IA generativa no inventa, sino que remezcla sin permiso». Esta explotación de obras, según la normativa y jurisprudencia europea, requiere autorización y remuneración justa para autores y editores, algo que ignoran sistemáticamente muchos desarrolladores de IA, tanto del sector privado como público. Esta posición fue respaldada por un representante del Barcelona Supercomputing Center (BSC) en un taller del Parlamento Europeo, quien reconoció que en la IA generativa «cada fase —ingestión, procesamiento, aprendizaje— necesariamente implica acceder y copiar contenido protegido, no meramente ideas».

El asunto es más grave de lo que parece. No se trata solo de un problema técnico, sino de una fractura moral. Dialnet, ese proyecto modélico que la Universidad de La Rioja levantó como un faro para el conocimiento en español, conserva millones de registros académicos, muchos de ellos nacidos del esfuerzo colectivo de revistas como Revista de Filosofía, Papeles del Psicólogo, Cuadernos de Derecho Judicial o Clínica y Salud. Hoy, ese archivo ha sido perforado por rastreadores automáticos como Common Crawl, que actúan como termitas digitales, extrayendo sin permiso lo que no les pertenece. No hay cifras concretas, pero las denuncias se acumulan. CEDRO ha levantado la voz: los datos protegidos —realmente son contenidos creados por escritores o periodista o traducidos por un traductor y divulgadas por una editorial— han sido usados sin autorización para alimentar modelos de inteligencia artificial. Y lo más inquietante no es solo el robo, sino el silencio con que se comete, amparado incluso por proyectos financiados con dinero público, que ni explican ni trazan de dónde salen los materiales con los que construyen sus promesas algorítmicas.

¿Qué sucede cuando el supuesto garante de los derechos vulnera los derechos? ¿Cómo denunciar a un Estado que subvenciona con una mano al sector editorial y con la otra lo desangra? Esa es la pregunta que, con torpeza profética, formuló la senadora: «¿Quién vigila al vigilante?». El Gobierno promociona modelos como Alia como la gran promesa del humanismo digital patrio. Pero ¿qué humanismo es este que arranca páginas sin pedir permiso, que borra la autoría, que entrena su inteligencia con el trabajo no remunerado de miles de investigadores, profesores y editores? No es una tecnología neutral: es una forma de extractivismo.

Nos creímos el cuento de Google Books. Lo vendieron como un acto de fe en el progreso, una biblioteca infinita al alcance de todos, una utopía digital donde el conocimiento sería libre y eterno. Pero detrás de esa fachada se escondía una operación monumental de apropiación. Con el beneplácito de instituciones dóciles y la fascinación ingenua de la comunidad académica, Google escaneó millones de libros sin pedir permiso, sin pagar derechos, sin rendir cuentas. Lo hizo por nosotros, dijeron. Lo hizo para todos. Y muchos aplaudieron mientras la cultura impresa se convertía en un activo más en su balance de beneficios.

Hoy, ese mismo patrón se repite con una crudeza aún mayor. En nombre de la soberanía tecnológica, se ha traspasado una frontera que creíamos inviolable. Dialnet no es Google. No es una corporación tejida en Silicon Valley. Es una construcción paciente de la Universidad de La Rioja, un archivo público, universitario, hecho con rigor y con fe en la utilidad del conocimiento. Y, sin embargo, ha sido tratado como un depósito abandonado: rastreado, vaciado, saqueado mediante scraping por sistemas automatizados, bajo la coartada de la investigación pública. Como si bastara invocar el interés general para justificar el robo al bien común.

La paradoja duele: los artículos, las tesis, los libros académicos que fueron vertidos en Dialnet con vocación de servicio son ahora materia prima para fabricar herramientas comerciales. Herramientas que competirán en el mercado —sin ética, sin memoria— con las mismas revistas y los mismos autores que alimentaron esa inteligencia. Como en Google Books, nos dirán que todo esto es por el bien de todos.

Qué hacer cuando nadie nos busca (mayo, 2025)

Durante los primeros cinco meses de 2025, la versión digital de *Jot Down* ha perdido un 35,8 % de sus lectores. Las sesiones han bajado un 40,5 %, las páginas vistas un 15,9 %. Google nos ha traído un 31,8 % menos de visitas que el año pasado. Twitter, un 56 % menos. Facebook, un 35 %. No son errores de medición ni una caída puntual. Es el principio de una era sin clics. No es algo que nos ocurra solo a nosotros: es un fenómeno global que afecta a todos los medios que dependen del acceso abierto, de los motores de búsqueda y del tráfico social para ser leídos. La web, tal como la conocíamos, está dejando de existir. La inteligencia artificial no es el futuro, es lo que ya está delante de nuestros textos. Google responde ahora con sus AI Overviews, que resumen nuestras palabras sin necesidad de visitarnos. ChatGPT, Perplexity, Claude y otros modelos generativos devuelven respuestas completas, muchas veces sin enlaces, sin fuente visible, sin mención. Cada vez más personas formulan preguntas y obtienen respuestas sin pasar por nuestras páginas. Como si estuviéramos de más.

El 75 % de las búsquedas no terminan en clic. El modelo estático de la web ha sido absorbido por una capa conversacional que funciona como un filtro omnisciente. No busca remitentes, solo contenidos. No reconoce el esfuerzo, solo patrones. Y si bien se nutre de lo que escribimos, no nos devuelve casi nada. Un modelo ha dicho que la relación entre lo que toma de los medios y lo que les devuelve es de 250 a 1. Nosotros, que apostamos por la lectura larga, por la entrevista como forma de conocimiento, por el ensayo sin fecha de caducidad, nos hemos convertido en una fuente de entrenamiento para sistemas que no necesitan agradecernos nuestra contribución al conocimiento y la divulgación. Y sin embargo, seguimos. Porque no tenemos otra forma de estar en el mundo. Hemos hecho lo que se suponía que debíamos hacer: diversificar canales, reforzar el SEO, abrir boletines, lanzar verticales, subir a redes, crear comunidad, traducir contenido, innovar y hablar de todo sin complejos. El resultado: apenas unas décimas de recuperación. Y una caída sostenida. Las viejas soluciones ya no sirven. El problema es de otro orden.

En los próximos meses, el panorama no va a mejorar. El tráfico de buscadores seguirá cayendo.

Las redes sociales dejarán de ser un canal fiable. Los ingresos por publicidad seguirán bajando. El modelo de gratuidad masiva está muriendo. Y los medios que no se conviertan en marcas con sentido, en refugios de pensamiento, desaparecerán. Pero hay otra lectura posible. Si el algoritmo ha dejado de prestarnos atención, tal vez nuestra estrategia de escribir para las personas y no para Google Discover, acabe siendo fundamental. Si ya no hay que competir por visibilidad, tal vez podamos competir por relevancia. Si ya no tenemos que producir sin parar, tal vez podamos permitirnos callar más a menudo. Nos queda la voz. Nos queda la decisión de seguir escribiendo incluso cuando nadie nos busca. Nos queda insistir en que el mundo sigue siendo complejo y que el sentido no cabe en una sinopsis. Nos queda hacer menos, pero hacerlo con más verdad. Nos queda formar parte del ruido para decir algo que el ruido no pueda replicar. Por eso estamos donde estamos. En una tierra de nadie. No somos IA, ni somos plataforma. No somos virales, ni somos bots. Somos lo que queda entre los algoritmos y los seres humanos. Esa debilidad es también la razón por la que importamos.

Y por eso también hemos querido dar un paso

más. *Jot Down* se ha aliado con *Menéame*. No para buscar tráfico, sino para construir una comunidad contralgorítmica donde los lectores sigan siendo el centro neurálgico, sin recopilar sus huellas digitales, sin neurohackearlos. Donde puedan decidir con su voto qué merece ser visible. Donde la edición no sea un algoritmo, sino una conversación. Queremos defender un espacio informativo donde el juicio humano tenga peso, donde el valor de la cultura y el pensamiento no se mida en visitas, sino en conversación. La alianza con *Menéame* es una declaración de intenciones. Queremos que quienes nos leen no sean un público pasivo, sino un consejo editorial abierto. Que puedan participar en las decisiones, en las mejoras, en las estrategias. No pedimos solo lectores: necesitamos complicidad. Porque el tiempo que viene es el de la reconstrucción. Y no se reconstruye desde el aislamiento.

La industria se hunde, pero la cultura no. La tecnología avanza, pero no piensa. Y los medios, si quieren seguir siendo algo más que envoltorios de datos, tendrán que recuperar su función esencial: contar lo que pasa con una voz reconocible, con un criterio propio, con una mirada que no pueda ser automatizada. Lo que necesitamos ahora no son estrategias de captación, sino compromisos de sentido. Si estás leyendo esto, no eres un dato, ni una métrica, ni una conversión. Eres parte de una conversación más lenta, más frágil, pero también más real. Y si quieres que *Jot Down* y medios similares sigan existiendo, no basta con simpatizar. Hay que actuar.

¿Cómo? Compartiendo. Apoyando. Corrigiendo. Enviando ideas. Formando parte. Suscribiéndote si puedes. Pero, sobre todo, defendiendo con hechos que los medios no son un lujo, sino un recurso vital. Que la opinión formada necesita lugares donde desarrollarse. Que el tiempo detenido es un derecho que debemos preservar. Hay muchas cosas que no podemos cambiar. No podemos frenar la IA. No podemos volver a 2012. No podemos competir con plataformas y grandes medios que copian a los medios más modestos sin citarlos. Pero sí podemos elegir para quién escribimos. Y escribir para quien busca algo más que respuestas. Algo que no sea replicable.

Pase lo que pase, aquí seguimos. Porque alguien tiene que hacerlo. Porque todavía hay algo que decir. Porque el silencio, ahora, sería una forma de complicidad. No vamos a pedir permiso. Ni a cambiar de forma para encajar en moldes que no hemos elegido. Lo que vamos a hacer es seguir. Con la misma vocación, pero con más urgencia. Con la misma pasión, pero con más claridad.

No estamos solos. Estamos con quienes no quieren que todo sea predicción. Con quienes están cansados de las respuestas correctas. Con quienes aún tienen preguntas. Gracias por seguir ahí. No porque nos hayas encontrado, sino porque sigues buscando.

La contralgoritmia es la nueva contracultura (enero, 2025)

La contracultura, ese término que en los albores del Siglo XXI invocaba espíritus incendiarios y noches de insomnio, parece haber sido devorada con la gula insaciable del capitalismo y su efecto corruptor. Lo que nació como una fuerza subversiva y de vanguardia cultural y estética, ha sido embotellado en un producto de consumo masivo con etiqueta de autenticidad prefabricada. Lo que alguna vez fue el grito de guerra de los beatniks, los hippies o los punkis, ahora es una melodía repetitiva y pegajosa que nos persigue desde las exposiciones inmersivas a las producciones coreanas. El espíritu subversivo, esa chispa que encendía hogueras, ha sido apagado con agua embotellada de marca premium. ¿La contracultura? Hoy es solo otra etiqueta de moda, un recuerdo empaquetado en plástico biodegradable.

Mark Fisher, con su *Realismo capitalista*, ya lo advirtió: el capitalismo no aplasta, absorbe. Como un agujero negro con conciencia de mercado, integra toda crítica y la convierte en su mejor campaña publicitaria. La contracultura del siglo XX no fue destruida a garrotazos, sino con algo mucho más humillante: descuentos y envíos gratuitos. Y así, murió, no con un grito, sino con el sonido de un código de barras escaneado. ¿Y ahora qué nos queda? La resistencia cultural, si es que podemos llamarla así, se ha mudado al espacio digital, ese inmenso escaparate de vanidades donde los algoritmos mandan y donde intercambio cultural es transaccional. Olvidad los clubs llenos de humo, las librerías clandestinas y los fanzines fotocopiados. Hoy, la subversión tiene formato de post y la rebeldía depende de cuántos likes acumule. Y no nos engañemos: el algoritmo no es una herramienta, es el nuevo censor, tan implacable como invisible.

Basilio Baltasar en su nuevo ensayo *Crítica de la razón maquinal* lo expresa contundentemente: «La razón maquinal ha patentado y puesto bajo su autoridad la ilusión mecánica del mundo, el edicto de su engranaje, el axioma regular, los ingredientes poseídos, la ecuación de los números ensamblados, el dispendio de las energías acopladas, la mortuoria ficción del hombre artificial». El algoritmo es el nuevo arquitecto de la realidad cultural. Plataformas como Google, Facebook, Instagram y TikTok moldean nuestras experiencias, influyen en nuestras preferencias y determinan qué contenido es visible y cuál se pierde en el vacío digital. En particular, Google Discover, con su homilía diaria en formato «timeline» muestra a millones de usuarios contenido «personalizado» basándose en todos los datos que obtiene de nosotros, ha transformado las líneas editoriales de los medios de comunicación. Dependientes del tráfico que estos algoritmos generan, los medios han adaptado su producción a las preferencias de máquinas programadas para maximizar la atención, dejando como periodismo residual cualquier atisbo de reflexión o pensamiento no viralizable. De facto, este conjunto de algoritmos denominado «Discover» —no deja de ser irónico— se ha convertido en el redactor jefe de todos los medios de comunicación.

¿Todos? Todos no, como la aldea gala de Asterix sigue habiendo proyectos que no bailan al son de los algoritmos. Espacios culturales como *The Marginalian* de Maria Popova, agregadores de noticias como *Menéame* o iniciativas independientes de periodismo como *Jot Down*, son ejemplos de cómo es posible construir audiencias fieles fuera de las lógicas de las grandes plataformas. Son excepciones, pequeñas luces en un paisaje dominado por la inteligencia artificial y las métricas. Sin embargo, su existencia plantea una pregunta crucial: ¿es posible construir una contracultura genuina en un ecosistema diseñado para absorberla y convertirla en mercancía?

Como señala Jaron Lanier en *Diez razones para borrar tus redes sociales de inmediato*, estas plataformas se valen de técnicas que rozan el neurohacking para maximizar la interacción. El diseño de los algoritmos no solo busca captar nuestra atención, sino también perpetuarla mediante la polarización y la creación de cámaras de eco. Esto no es accidental, sino un mecanismo deliberado para aumentar el tiempo que los usuarios pasan enganchados. La indignación, el miedo y la emoción extrema generan clics, y los clics son dinero. En este contexto, los medios de comunicación no solo informan, sino que compiten desesperadamente por encajar en los moldes de lo que el algoritmo considera viralizable.

El problema no es menor. Si el capitalismo domesticó la contracultura del siglo XX, los algoritmos están haciendo algo peor: uniformar la cultura contemporánea, eliminando las voces disonantes que no encajan en su lógica. Si un medio no adapta sus titulares, formatos o narrativas para optimizar el tráfico generado por los algoritmos, queda relegado a la irrelevancia. Las ideas complejas, los análisis profundos o las perspectivas matizadas no tienen cabida en un ecosistema diseñado para premiar lo rápido, lo simple y lo extremo. En este paisaje, paradójicamente, los espacios culturales que no operan bajo la lógica de los algoritmos han adquirido un nuevo significado. Una editorial que publica libros que no priorizan su viralización en redes sociales, un medio que apuesta por reportajes de largo formato en lugar de artículos «clickbait», o un artista que rechaza las métricas como guía creativa son, hoy, los verdaderos herederos del espíritu contracultural.

El término «contralgoritmia» encapsula esta nueva forma de resistencia. Si la contracultura del siglo XX se oponía a los valores dominantes de su época, la contralgoritmia se rebela contra las estructuras digitales que intentan homogeneizar nuestras experiencias. No es una simple oposición a la tecnología, sino un rechazo a la tiranía de las métricas, a la lógica de la optimización y a la dictadura del alcance. Es fascinante que lo que hace apenas unas décadas podía considerarse mainstream hoy puede ser radicalmente contracultural si no se alinea con las lógicas algorítmicas. La contralgoritmia alerta sobre el poder excesivo otorgado a los algoritmos, que moldean decisiones, comportamientos y relaciones humanas al recopilar datos para fines comerciales y políticos y busca preservar la diversidad cultural y la autonomía creativa en un mundo donde las máquinas deciden qué merece ser visto, leído o escuchado. Desde estas perspectivas, la contralgoritmia no es solo una resistencia cultural, sino también una defensa de lo humano frente a la creciente automatización de nuestra existencia.

La pregunta clave es: ¿cómo podemos articular esta resistencia? No se trata de desconectarse de las plataformas, aunque esa sea una opción válida. La contralgoritmia exige una reconfiguración profunda de nuestras prioridades culturales. Requiere apostar por modelos de sostenibilidad económica que no dependan exclusivamente del tráfico digital. Requiere educar a las audiencias para que valoren el contenido que trasciende la lógica del clic. Requiere, en definitiva, recuperar la capacidad de imaginar un mundo donde la cultura no esté al servicio de las máquinas. La contralgoritmia no busca regresar a un pasado idílico conformado por neoluditas, porque este nunca existió. Más bien, plantea una alternativa al presente: una cultura que priorice la calidad sobre la cantidad, lo genuino sobre la viralidad y la profundidad sobre la inmediatez. En un mundo donde las métricas son el nuevo opio del pueblo, decir «no» al algoritmo es el gesto más revolucionario que nos queda.

Cómo los multimillonarios están jodiéndolo todo
(noviembre, 2024)

Desde su fundación, el *Washington Post* no fue simplemente un periódico, sino una institución. Era una piedra angular en la apuntalada arquitectura de la democracia americana, un lugar donde los hechos contaban más que las opiniones y donde las palabras eran armas afiladas contra el abuso de poder. Esto empezó a cambiar cuando Jeff Bezos lo adquirió en 2013; desde entonces el Post parece haber cambiado su brújula moral por un cronómetro digital que mide clics, «engagement» y métricas de tráfico. El cambio no es solo tangible, sino inquietantemente sintomático de algo mayor: la lenta y progresiva conversión del periodismo en un espectáculo vacío, una especie de arte menor en manos de multimillonarios que lo ven no como un fin, sino como un medio para sus propias agendas.

Durante la era de Martin Baron, un editor con principios férreos y una convicción casi rabínica en la búsqueda de la verdad, el *Washington Post* era un ejemplo notable de periodismo serio. Baron y su equipo entendían que el periodismo no es un oficio cómodo, existe la «necesidad de hacer un periodismo de rendición de cuentas del poder». Durante su mandato, el Post ofreció una cobertura implacable de la administración Trump manteniéndose fiel a los ideales de una prensa independiente que cuestiona sin miedo.

Sin embargo, la sombra de Bezos se proyectaba ya sobre la redacción, y no había principio lo suficientemente sólido como para resistir el peso del capital. El *Washington Post* bajo Bezos se ha convertido en un espejo de nuestra era: brillante, veloz y superficial. El cambio no ha ocurrido de golpe, sino con una parsimonia calculada, casi como si Bezos supiera que la paciencia es su mejor aliado. Primero vinieron las inversiones, el maquillaje digital, las promesas de innovación. Luego, el periodismo de profundidad comenzó a desaparecer bajo un mar de titulares sensacionalistas y piezas diseñadas no para informar, sino para alimentar la máquina del clic. La política se convirtió en espectáculo, las investigaciones en contenido viral, y el rigor dio paso a un oportunismo editorial que olía a las prioridades corporativas de Amazon. Bezos, como todos los grandes capitalistas, entiende el poder de poseer una narrativa. Con el *Washington Post*, no compró solo un periódico: adquirió una plataforma desde la cual moldear el discurso público y proteger sus propios intereses. ¿Cuántas veces hemos visto al Post cuestionar abiertamente las prácticas laborales de Amazon? ¿Cuántas portadas han dedicado a las acusaciones de monopolio o a las estrategias de evasión fiscal de la empresa? El silencio es atronador y, en ese silencio, se encuentra la respuesta.

El caso de Bezos y el *Washington Post* encuentra un paralelo inquietante en la decadencia de Twitter bajo el mando de Elon Musk. Este megarrico, con su estilo grandilocuente y su compulsión por estar en el centro de todo, llegó a la plataforma con promesas de «libertad de expresión» y transparencia. Pero lo que siguió fue un espectáculo caótico de despidos masivos, políticas erráticas y una transformación de Twitter en un reflejo grotesco de las obsesiones personales de su nuevo dueño. Lo que antes era una plaza pública digital se convirtió en una extensión de su ego: impredecible, volátil y dominada por un culto a la personalidad. La comparación entre Bezos y Musk no es difícil de trazar. Ambos representan la misma mentalidad: el multimillonario que, al adquirir un pilar de la esfera pública, cree que puede reconfigurarlo a su imagen y semejanza. Bezos convirtió el *Washington Post* en una herramienta de poder blando; Musk transformó Twitter en un laboratorio de sus impulsos. En ambos casos, lo que se perdió fue el bien común. Un periódico debe ser independiente de sus propietarios, y una red social debe ser neutral en su estructura, pero ni Bezos ni Musk entienden la diferencia entre propiedad y servicio público.

El impacto de estas transformaciones no es abstracto, sino profundamente tangible. Cuando el *Washington Post* opta por ignorar ciertos temas o por priorizar titulares diseñados para enfurecer, no solo afecta su reputación; debilita la función misma de la prensa como contrapeso al poder. Cuando Twitter se convierte en el laboratorio de Musk y lo posiciona algorítmicamente con una opción política, destruye su legitimidad como espacio neutral de debate público y lo convierte en un instrumento más de manipulación al servicio del poder. El periodismo serio y las redes sociales independientes son esenciales para la democracia, pero no pueden florecer bajo el control de quienes ven el mundo como un tablero de ajedrez donde todo es movible y todos son prescindibles. La independencia no puede coexistir con el poder absoluto, y la verdad no puede prosperar en una atmósfera donde el lucro es el único objetivo. Lo que necesitamos no son multimillonarios con ambiciones de grandeza, sino estructuras que protejan la esfera pública de su influencia corrosiva.

La degradación de un medio de comunicación como *Washington Post* bajo la influencia de Bezos y la de Twitter subyugada a los caprichos Musk no es más que la punta del iceberg. Con la crisis continuada de los medios de comunicación y el aumento de los multimillonarios, estas adquisiciones se van a convertir en algo cotidiano. Lo cual nos obliga a enfrentarnos a una pregunta incómoda: ¿puede la esfera pública sobrevivir en manos privadas? Si dejamos que multimillonarios controlen los medios de comunicación y las plataformas digitales, ¿quién defiende los intereses de la ciudadanía? La respuesta parece evidente: ellos no. Bezos y Musk no compraron estas instituciones para fortalecerlas como bienes públicos; lo hicieron para consolidar su poder, para amplificar sus voces y para proteger sus intereses. Es por ello que los ciudadanos tenemos que apostar por una prensa libre y la única manera es apoyándola económicamente.

En su entrevista con *Jot Down*, Martin Baron señala que «una democracia no puede sobrevivir sin una prensa libre e independiente». Pero, ¿cómo puede ser independiente un periódico que pertenece a alguien cuya riqueza depende del status quo? ¿Cómo puede ser libre una red social controlada por un hombre que la ve como una extensión de su personalidad? La respuesta es que no pueden. Y si no somos capaces de involucrarnos para cambiar las cosas, estamos condenados a un futuro donde la verdad será solo otro producto en el catálogo de los poderosos.

Menéame: contra el tecnofeudalismo y el dominio de lo anglosajón (octubre, 2024)

El 14 de febrero del año 2.000 apareció en la red *La página definitiva* un proyecto periodístico sui generis impulsado por Guillermo López y Andrés Boix Palop y al que aún acuden sus lectores bajo la exigencia de una «inteligencia en armónica comunión con un buen bagaje cultural». Al poco tiempo, los fundadores del medio de comunicación lanzaron un spin-off en formato foro llamado *Aréopago* y que también sigue existiendo. En el año 2006 ocurrieron dos eventos simultáneos que ahora convergen. El primero es que, en ese año, en el foro *Areópago* nos conocimos las personas que cinco años después pondríamos en marcha *Jot Down*. La segunda es el lanzamiento de *Menéame*, el agregador de noticias más importante del mundo hispano, de la mano de Benjamí Villoslada y Ricardo Galli.

En la época de la que hablo, muchos de los internautas nos pasábamos las horas interactuando escondidos tras nuestros apodos con poca o ninguna intención de venderle nada a nadie que no fuesen nuestras ideas de bombero o llamar la atención para gustarle a alguien. En aquellos lejanos tiempos se disfrutaba de la libertad que nos brindaba un espacio sin filtros comerciales y sin temor a ser carne de bigdata. Internet era todavía un terreno fértil para la experimentación y el intercambio genuino de pensamientos sin la presencia de algoritmos invasivos y clickbait.

En ese momento, las redes sociales empezaban a detectar nuevos medios de comunicación y los promocionaban a sus usuarios de forma gratuita. *Jot Down* alcanzó rápidamente una gran cantidad de seguidores en twitter y facebook lo que nos ayudó a darnos a conocer. Sin embargo, la plataforma que realmente nos lanzó al «estrellato» fue *Menéame*. Para quién la desconozca, se trata de una web que permite a sus usuarios compartir, votar y comentar contenido, dándole visibilidad a las noticias más relevantes según la consideración de la propia comunidad. *Menéame* ha tenido y aún tiene millones de lectores que cada día usan su página principal como timeline para estar informados.

Recientemente, se anunciaba en el blog de *Menéame* que el portal iniciaba un proceso de venta. La noticia generó inquietud sobre el futuro de la comunidad y decidí contactar con los socios para interesarme por la situación. Tras la decisión estaba la preocupación por viabilidad de la empresa ya que los ingresos publicitarios (casi todos de naturaleza programática) no dejaban de caer, algo que por otro lado, sufrimos todos los medios. A partir de ahí les propuse un proyecto de viabilidad que, como en *Jot Down*, implica a la comunidad. Al proyecto lo hemos denominado «El algoritmo eres tú» y tiene como objetivo conseguir que *Menéame* se mantenga como hasta ahora: libertario en relación al nuevo tecnofeudalismo que está engulléndolo todo, tal como se mantienen aún *La página definitiva*, el *Areópago* o la propia *Jot Down*.

La importancia de *Menéame* en el ecosistema digital actual es fundamental. En un mundo donde gigantes tecnológicos moldean nuestra percepción de la realidad a través de algoritmos diseñados para mantenernos dentro de nuestras zonas de confort ideológicas, *Menéame* ofrece un espacio libre de técnicas de neurohacking. Su enfoque, basado en la promoción humana de los contenidos, nos expone a una variedad de perspectivas que fomentan el pensamiento crítico y combaten la polarización. Es cierto que *Menéame* en estos momentos tiene cierta tendencia a visibilizar más artículos de izquierdas que de derechas pero lo hacen seres humanos —los usuarios—, no algoritmos; en cualquier caso con nuestra entrada en la gestión de *Menéame* vamos a buscar, junto a la propia comunidad, procesos que fomenten el pluralismo ideológico.

La independencia editorial de *Menéame*, aún libre de la influencia de lobbys políticos o económicos, es otro de sus valores fundamentales. Con la confianza en los medios tradicionales en horas bajas debido a la sumisión a intereses corporativos o partidistas, la plataforma ofrece un espacio donde las noticias se valoran por su relevancia real que le dan sus usuarios y no por necesidades económicas o falsas lealtades. Esta operativa transparente y la diversidad de opiniones es esencial para mantener un debate público saludable y una ciudadanía bien informada. Además, juega un papel crucial en la preservación de la cultura digital española y esto es importantísimo. En una internet cada vez más globalizada y dominada por plataformas anglosajonas, este agregador ofrece un espacio único para el debate y la difusión de noticias en español, contribuyendo así a la riqueza y diversidad del ecosistema digital hispano.

La crisis que atraviesa *Menéame* no es solo un problema de una empresa individual; es un síntoma de los desafíos a los que se enfrenta el periodismo independiente en la era digital. Su modelo, que prioriza lo humano y la relevancia sobre el clickbait y la viralidad, lucha por sobrevivir en un entorno donde la atención del usuario es la moneda de cambio. Por ese motivo, apoyar a *Menéame* no es simplemente ayudar a una plataforma web; es defender un modelo de Internet más abierto, diverso y democrático. Es invertir en nuestro derecho a una información variada y en la salud de nuestro debate público. Es no sentirnos manipulados por grandes corporaciones que en base al bigdata nos conocen mejor que nosotros mismos. En estos tiempos de desinformación y polarización, necesitamos más que nunca espacios como *Menéame* que nos reten a salir de nuestras zonas de confort ideológicas y nos expongan a la rica diversidad del pensamiento humano.

La paradoja cultural: demonizar la inteligencia artificial mientras se sucumbe a los algoritmos (octubre, 2024)

En el marco de las Conversaciones de Formentor, del año 2024, se celebró un «Coloquio de revistas, suplementos y monográficos, literarios y culturales» que pretendía girar en torno al tema «El dilema postmoderno: ¿lectores o usuarios?», algo que no llegó a suceder. En este evento se reunieron responsables de medios y suplementos culturales para analizar y discutir la complejidad de los medios y suplementos culturales. A raíz de la intervención de Isaac Marcet de *Playground Magazine* el debate se centró en la inteligencia artificial dividiendo a los asistentes entre apocalípticos e integrados. Con una mayoría de apocalípticos, como era de esperar, la inteligencia artificial se presentó como un agente que amenaza la esencia de la creación literaria y cultural al que hay que desterrar de las redacciones. Este rechazo, previsible en ciertos sectores tradicionales, reveló una contradicción evidente que merece ser analizada.

Uno de los momentos más tensos del coloquio surgió cuando se discutía si los medios culturales debían combinar cultura con entretenimiento. La conversación se encendió después de que Basilio Baltasar criticara el espacio que las secciones de cultura dedican a TS (no confundir con TS Eliot). Esta crítica fue recibida como un ataque por parte de Joana Bonet de *La Vanguardia* y Gonzalo Suárez de *El Mundo*, quienes defendieron la relevancia cultural y sociológica de Swift. La discusión llevó a recordar a Jesús Calero del *ABC* una controversia similar de años anteriores, en la que Dan Brown había sido protagonista. Alguien, en tono de broma, mencionó que «Taylor Swift es la Dan Brown de la música». En ese preciso momento, decidí enviar un mensaje a Hipólito Ledesma, miembro del equipo de redacción de *Jot Down*, para que publicara un artículo titulado «Taylor Swift es el Dan Brown de la música» generado con IA. Lo sorprendente fue que el artículo se confeccionó y publicó en menos de un minuto, dejando atónitos a los asistentes que pudieron verlo en la gran pantalla que había en la sala. La sorpresa se incrementó al leerlo: un texto que desplegaba un análisis crítico, mordaz y perfectamente documentado, escrito por una IA. La audiencia quedó asombrada ante la potencia de la inteligencia artificial y su capacidad para abordar temas complejos con agudeza.

La reacción posterior resultó, cuanto menos, intrigante. A pesar de la aceptable calidad del artículo y de la impactante demostración en tiempo real de lo que la tecnología es capaz de alcanzar, los medios que cubrieron el evento prefirieron ignorar este detalle en sus crónicas. Aquí radica la gran paradoja. Los mismos medios culturales que lanzan diatribas contra el uso de la IA son, en su labor cotidiana, fervientes devotos de sus herramientas para documentarse, transcribir entrevistas y, lo más importante, ajustar sus contenidos a las caprichosas exigencias del posicionamiento web. La verdad es que la mayoría de editores y periodistas se hallan rendidos al todopoderoso Google, obedeciendo las leyes del algoritmo en su desesperada búsqueda por captar la volátil atención del lector. Se percibe, sin duda, una disonancia cognitiva: mientras los contenidos pretenden dirigirse a nobles «lectores», la realidad de su publicación los reduce, inevitablemente, a la categoría de simples «usuarios» en esta danza infernal dictada por los algoritmos. El resultado es una repetición extenuante: temas y estructuras replicados hasta la saciedad, en un intento vano por generar tráfico. La homogeneidad se impone y la diversidad discursiva queda, una vez más, sacrificada en el altar de los motores de búsqueda.

La contradicción es clara: mientras se defienden conceptos como «autenticidad» y «singularidad» del contenido cultural, los mismos medios abrazan la tecnología cuando les resulta útil para alcanzar sus objetivos comerciales. Criticar la IA en nombre de la esencia cultural mientras se aplican fórmulas preestablecidas para satisfacer los algoritmos de posicionamiento es una paradoja. El verdadero dilema postmoderno no parece ser «lectores o usuarios», sino «principios o conveniencia». El artículo de *Jot Down* sobre Taylor Swift, escrito por una IA, demostró que las tecnologías actuales no solo pueden documentarse y estructurar argumentos coherentes, sino también desplegar un sentido crítico que desafía las expectativas. La IA, con las limitaciones propias de una máquina, está imitando con éxito los patrones del discurso humano. Mientras tanto, los medios, atados a las métricas y tendencias, se deslizan hacia una uniformidad que empobrece el panorama cultural. En este punto tengo que destacar la aproximación al asunto de Josep Massot, el enfant terrible y contrapunto en este tipo de eventos, que confesó utilizar la IA para descartar en sus artículos toda la información que esta le proporciona y así desarrollar textos novedosos y originales. ¡Ese es el espíritu!

La cuestión no versa, por lo tanto, que la IA pueda reemplazar al escritor o al periodista, sino por qué los medios culturales parecen dispuestos a sacrificar la calidad y la diversidad de sus contenidos para satisfacer los algoritmos. La inteligencia artificial no es el enemigo, si no un reflejo de las carencias y contradicciones del periodismo cultural. Criticarla mientras se sucumbe a las reglas del tráfico web demuestra que el problema no reside en las máquinas, sino en las decisiones humanas que les han cedido el control de la producción cultural.

Los periodistas no deben temer ser sustituidos por la inteligencia artificial. La IA podrá recitar datos con precisión matemática, podrá incluso redactar crónicas con una corrección envidiable, pero hay algo que aún no puede emular: el inconfundible toque de una mente brillante y la calidez de una voz auténtica. Es la marca personal de cada periodista lo que cautiva a los lectores, lo que les incita a volver, a buscar esa opinión o análisis que solo un autor específico puede ofrecer. En un mundo abarrotado de información, lo que realmente valoramos es el carácter, el ingenio y la perspicacia que un profesional experimentado infunde en su escritura. Así como uno busca la sutileza de un buen vino o la complejidad de una obra de arte, el lector anhela el estilo único de un periodista que logra convertir los hechos en una narrativa significativa.

Ahora bien, ¿debemos considerar la inteligencia artificial como una herejía en este sacrosanto templo del periodismo? ¡En absoluto! Tal consideración es tan obtusa como desdeñar el uso del teléfono en los albores de la comunicación. No creo que la inteligencia artificial sea un enemigo que amenaza nuestra profesión, sino una herramienta que nos permite ser más auténticos y creativos. Rechazar la IA por puro dogmatismo es negar una oportunidad extraordinaria de enriquecernos. Los lectores, y creedme cuando lo digo, buscan la chispa del pensamiento crítico, la voz que aporta claridad en un mar de ruido. Al utilizar la IA de manera inteligente, podemos fortalecer nuestra marca personal, aprovechando sus capacidades para mejorar nuestro propio trabajo. Es la sinergia perfecta: la IA asume las tareas más mundanas y nosotros, los periodistas, tomamos las riendas de aquello que realmente importa. ¡La autenticidad, queridos amigos, no está en peligro!

Manifiesto contralgorítmico

Antecedentes

El 14 de enero de 2025 se publicó en el magacín *Jot Down* el artículo titulado «La contralgoritmia es la nueva contracultura»; se trata de una reflexión profunda sobre cómo los algoritmos han moldeado la cultura digital contemporánea y las alternativas que de las que disponemos para desafiar este dominio. Este texto ha servido de inspiración para explorar los fundamentos y propuestas de un movimiento contralgorítmico que abogue por la transparencia, la privacidad y la diversidad en los espacios digitales.

En la era contemporánea, los algoritmos dominan cada vez más aspectos de nuestra vida, desde las recomendaciones en plataformas digitales hasta la configuración de nuestras interacciones sociales. Esta hegemonía algorítmica plantea serios retos: homogeneización cultural, vigilancia masiva y una reducción de la capacidad de los usuarios para decidir sobre los contenidos que consumen. Frente a este escenario, surge la contralgoritmia como una nueva forma de resistencia y de replanteamiento de los espacios digitales, con el objetivo de recuperar la diversidad cultural y la autonomía del usuario.

El concepto de contralgoritmia cuestiona el paradigma actual, proponiendo un modelo que priorice la experiencia humana por encima de las decisiones automatizadas y de los incentivos comerciales que dominan el diseño de los algoritmos.

Espacios digitales contralgorítmicos

La contralgoritmia se materializa en dos grandes categorías de espacios digitales que desafían las prácticas habituales de recopilación y personalización algorítmica:

Espacios que no recopilan ninguna información del usuario: Estos entornos digitales adoptan una postura radicalmente respetuosa con la privacidad. No registran datos sobre las preferencias, el comportamiento o la identidad de los usuarios. Su funcionamiento se basa en principios de anonimato y neutralidad, ofreciendo una experiencia uniforme e imparcial para todos los participantes. Ejemplos de estos espacios pueden incluir servicios de información descentralizados o foros públicos que operan sin registro de actividad. [00]
Espacios que recopilan información del usuario

pero no la utilizan para personalizar contenidos: En este modelo, los datos del usuario se recopilan únicamente con fines estadísticos o para mejorar aspectos generales del servicio, sin interferir en la presentación de los contenidos. La experiencia de cada usuario es homogénea, evitando las burbujas de filtro y las recomendaciones sesgadas. Este enfoque busca equilibrar la recopilación responsable de datos con el respeto por la diversidad cultural y la igualdad de acceso a la información. [01]

Ambos enfoques comparten el objetivo de romper con la hiperpersonalización disfrazada de sugerencias, la reducción de opciones impuestas por los algoritmos actuales y el condicionamiento político y social que subrepticiamente realizan los gestores de estos espacios. Buscamos determinar los espacios que permiten una experiencia libre.

Más información

https://www.contralgoritmia.com

1. Rechazamos la hiperpersonalización algorítmica en lo referente a la presentación y sugerencia de contenidos.
2. Defendemos la creación y utilización de espacios digitales que respeten la privacidad y la autonomía de los usuarios.
3. Apostamos por modelos que prioricen la experiencia humana sobre las decisiones algorítmicas auto- matizadas.
4. Nos oponemos a la comercialización de los datos personales como base para el diseño y la monetización de plataformas digitales.
5. Promovemos la diversidad cultural y el acceso igualitario a la información como pilares fundamentales de los espacios digitales contralgorítmicos.
6. Apostamos por la transparencia en el diseño y uso de los algoritmos, así como por el fomento de espacios no algorítmicos en cualquier entorno digital.
7. Creemos en una tecnología que sea una herramienta al servicio de las personas, no un mecanismo de control ni un fin en sí mismo.

8. Este manifiesto pretende impulsar a la acción de repensar los fundamentos de nuestra interacción con las tecnologías digitales y para construir un futuro donde la contralgoritmia se convierta en el nuevo paradigma de resistencia y creatividad.